闭门雕虫：
张通海学术论文集

张通海 著

西南交通大学出版社
·成都·

图书在版编目（CIP）数据

闭门雕虫：张通海学术论文集 / 张通海著. —成都：西南交通大学出版社，2022.9
ISBN 978-7-5643-8903-1

Ⅰ.①闭… Ⅱ.①张… Ⅲ.①汉字–古文字学–文集 Ⅳ.①H121-53

中国版本图书馆 CIP 数据核字（2022）第 165237 号

Bimen Diaochong
——Zhang Tonghai Xueshu Lunwen Ji

闭门雕虫
——张通海学术论文集

张通海 著

责任编辑	李 欣
封面设计	原谋书装
出版发行	西南交通大学出版社 （四川省成都市金牛区二环路北一段 111 号 西南交通大学创新大厦 21 楼）
发行部电话	028-87600564　028-87600533
邮政编码	610031
网址	http://www.xnjdcbs.com
印刷	成都蜀通印务有限责任公司
成品尺寸	170 mm×230 mm
印张	10.5
字数	160 千
版次	2022 年 9 月第 1 版
印次	2022 年 9 月第 1 次
书号	ISBN 978-7-5643-8903-1
定价	58.00 元

图书如有印装质量问题　本社负责退换
版权所有　盗版必究　举报电话：028-87600562

前言

我大学毕业之后是在中学执教，一干就是十年！其间觉得还可精进，便利用别人打牌、喝酒等时间来学习。果然，苍天不负有心人，终于考上了安徽大学的研究生，毕业之后，由原来的一个中学老师摇身一变，成为一位大学教师。

当初考上研究生，顺利通过面试后，在被问及遴选何种专业时，即被要求在"文献学""文法学""文字学"三个专业方向中选择一个，便"稀里糊涂"地选择了"文字学"。

谁知文字学是一条崎岖的路径（或称为"畏途"），不单要"啃"很多书，而且这个专业的书籍单是文字方面就不像文学类的书籍容易研读。当然，既然选择了这个专业，还得硬着头皮前行。

说实在的，文字学这个专业的文章，不容易写就，更不容易发表，不想厚积薄发都不行！原因很多，其中最主要的在于：没个几十年的积累，若想拥有独具匠心的见解，几乎是不可能的。何况，我没有看到某个古文字就立刻说是对应的某个现代汉字的胆量！因此，即便写成、发表，当然，也还有上升的余地。

我所在高校，其定位为教学型院校，因为专业的需要，教学任务十分繁重，课务多的学期，每周不下二十节课，课务少的时候也是每周十几节，我俨然是一个奔走于家庭和教室的"上课机器"。

但是,专业终究不可丢掉,毕竟为立身之本。教学之余,则将过去及平时看书、读简(战国楚简)的心得形成文字,加以整理,撰作小文,陆续发表。这些文章,内容较广,或考释某些疑难文字,或得出文字理论,或评介某一作品。凡此多为文字学专业方面,这方面在集中最多,占比最大。然而,教学中出现的一些情况,作为有责任心的教师,肯定不会放过。因此,我同时撰写了一些与教学有关的小文,当然,这些可以归属到教学方面。

每每看到很多学人,著述甚勤,动辄一部专著面世,令人艳羡。当然,其人所出,自有其理,而"天生我材必有用",诚望集中所收小文,专业方面,对读者诸君有所启发;教学方面,不论是对教师之"教"还是于学生之"学"有所帮助。

整个文集,三分之二为已经公开发表文章,余皆近期所作,未遑刊出。为保持原貌,许多内容除据现有出版规范调整(如一些书简的全称与简称),余皆按所刊收录。

当然,所有观点俱为一家之言,竭诚欢迎读者诸君批评指正!

目 录

001　《上海博物馆藏战国楚竹书》(三)之《中弓》散记
006　上博简《容成氏》补释数则
013　试谈楚系简帛文字中涂黑别义现象
018　浅谈俗字"分"(钱)的造字理据
022　释《包山楚简》中的"梌"字
026　上博简《缁衣》"於幾義之"字句新解
031　探索中华文明的独特视角
　　　——读黄德宽教授的《开启中华文明的管钥》
039　释上博简《孔子诗论》中的"悉"
041　战国楚系文字中合文运用特点探讨
050　战国文字字用中通用字概说
060　读《上海博物馆藏战国楚竹书·孔子诗论》散记(一)
065　读《上海博物馆藏战国楚竹书》(四)随记(三则)
070　读《上海博物馆藏战国楚竹书》(五)二则
075　读《上海博物馆藏战国楚竹书·孔子诗论》散记(二)
079　《上海博物馆藏战国楚竹书·周易》(三)札记二则

084　"王卬（仰）天，句（后）而洨（詨）"解

089　楚系简帛文字字用研究的学术价值

100　近出楚简中的语气词考察

111　谈楚简文字字用中"以形别义"意识的自我觉醒

125　读《上海博物馆藏战国楚竹书·孔子诗论》散记（三）

132　读清华诸简札记

144　甲骨文中合文的意蕴试探

149　谈沭阳方言中的一些关于程度的表示法

156　谈《古代汉语》教学的几个方法

《上海博物馆藏战国楚竹书》(三)之《中弓》散记

《上海博物馆藏战国楚竹书》①(以下简称《上博简》)每一册的原考释水平应当说都是很高的,但是里面总有不少地方,许多学者提出不同的商榷意见,这无疑繁荣了当今古文字学界的学术研究。笔者在教学之余,加以研读,千虑一得,今就《上博简》(三)之《中弓》篇中的一些讨论热点,发表自己的看法,敬请大家指正。

一、"惑佁忌皋"(简七)

"惑佁忌皋",原考释者李朝远先生以为"惑"通"赦",宽免。有学者从其说。②第三个字,有学者提出不同的看法。③

我们认为,"惑"可以读如字,由其"昏惑"义项引申为"不计较",既然要用这个人才,而"人非圣贤,孰能无过",哪怕他曾经犯过过失,甚至是大错,只要真正需要他,而他也真是个人才,为什么不举荐、不擢用呢?曹操"唯才是举"在这方面堪称表率,应该是大可称赞的,而他也因此成就了大事。再说,"过"只不过是小错而已,也完全可以忽略不计,这大约是举荐

---

① 马承源主编:《上海博物馆藏战国楚竹书》(三),上海:上海古籍出版社,2003年。以下原考释皆出自该书,不复注出。
② 杨怀源:《读上博简(三)〈中弓〉札记四则》,简帛研究网站(http://www.bsm.org.cn/,发布时间:2004年8月7日,引用时间:2004年9月);《读上博简(三)〈中弓〉札记四则补》,简帛研究网站(http://www.bsm.org.cn/),发布时间:2004年9月20日,引用时间:2004年9月。
③ 季旭昇:《上博简〈中弓〉篇零释三则》,简帛研究网站(http://www.bsm.org.cn/),发布时间:2004年4月23日,引用时间:2004年9月。

者小事糊涂、大事不糊涂的贤者表现。"与"（下从心），我们的看法是原考释可以信从，即读为"与"，连词，连接"过"和"皋"，都是"惑"的宾语。

二、亡所朕（狷）人（简十六）

"朕"字在第十二简中也出现，十二简的这个字原考释者隶定作"猒"读为"狷"，与句义恰合。然而，如果这里仍旧读作"狷"，按照原考释绝句，即"君子没有什么狷人"，很明显语句难以讲通，因为这里在语法结构上出现很大问题。事实上，这个字虽然与第十二简的字构件相同，但是配置有异，尽管原考释所隶不误，读为"狷"却是令人费解。"君子亡（无）所朕（狷）人"语义不明。我们认为这个字应当读为"厌"字，《说文》"厌，饱也"，引申为"讨厌、生厌"，《后汉书·范生传》"将恐陛下必有厌倦之听"，这里是使动用法，意为"使……生厌"，整个句子则可理解为"君子没有什么使人生厌的"〈或者理解为"君子无所厌（于）人"，看作省略了介词"于"也行〉。总之不能像原考释那样说解。而"厌"，孔子常用，如"天厌之，天厌之""义然后取，人不厌其取"（《论语·宪问》）即是。

三、型（刑）正（政）不㦤（缓）（简十七）

第四字原考释者读为"缓"，认为"《论语·为政》：'道之以政，齐之以刑，民免而无耻；道之以德，齐之以礼，有耻且格。'简文中的刑、政、德，义与此同"，没有进一步申说。我们以为，除非前面的是假设语气，否则，这里就是"刑政不缓"，也就是严刑暴政，而这与孔子一向主张的重德教、轻刑罚的德政思想格格不入。是否可以读作"怨"？"怨"古音为匣纽元部；"缓"古音为喻纽元部，二字同属元部，匣、喻同发喉音，当可相通。"怨"意为"恨"，如《左传·成公二年》："子其怨我乎？"又《史记·魏其武安侯列传》："武安由是大怨灌夫、魏其。"

四、日月星唇（辰）猷（犹）差民，亡不又（有）忢（过）（简十九）

"差"，原考释为："'差'即'左'，佐也。""差"在楚文字中的确能读作"佐"，但是在此如果读为"佐"，在语义上则势必与前面"山有崩，川有竭"不相衔接，同后边"亡不有过"发生矛盾。有学者已经指出此处值得商榷。①我们以为此处"差"字可以读为"瘥"，其义有二：一是"疫病"，如柳宗元《种术》"爨竹茹芳叶，宁虑瘵与瘥"；二是"灾难"，如《诗·小雅·节南山》"天方荐瘥，丧乱弘多"。比较起来，第二个义项更为适合。或者直接作如字读，训为"相差"，如《汉书·东方朔传》"失之毫厘，差之千里"，"差民"即与人们所算的天文历法的日子相差（第二种说法近杨怀源先生所论）。而"忢"字从化得声，"化"古音属晓纽、歌部；"祸"古音属匣纽、歌部，二字韵部相同，同发喉音，应可相通，故可读为"祸"，"祸"意为"灾害、灾难"，如《诗·小雅·何人斯》"二人从行，谁为此祸？"又《史记·司马相如列传》"祸固多藏于隐微而发于人之所忽也"，如此在句义上更顺当。山崩地裂，河流枯竭，日月星辰运行无常，这一切的自然灾害给人们造成了严重的灾难，沧海横流，方显英雄本色。此时举用贤才就更为重要而迫在眉睫。

五、孚忢戕析（简二十）

此语原考释者谓"义不详，待考"，说者众多。②

我们的看法是，楚简"孚"字通"复"，如本册上博简《周易》数见，例不备举，而"复"又通"覆"，意为"覆盖，掩蔽"。《吕氏春秋·本生》"精通乎天地，神覆乎宇宙"；又《论衡·吉验》"置之冰上，鸟以翼覆之"，"覆

---

① 杨怀源：《读上博简（三）〈中弓〉札记四则》，简帛研究网站（http://www.bsm.org.cn/），发布时间：2004年8月7日，引用时间：2004年9月。
② 侯乃峰：《〈仲弓〉篇"孜析"试解》，简帛研究网站（http://www.bsm.org.cn/），发布时间：2004年5月3日，引用时间：2004年9月；杨怀源：《读上博简（三）〈中弓〉札记四则》，简帛研究网站（http://www.bsm.org.cn/），发布时间：2004年8月7日，引用时间：2004年9月。

过"当作文过饰非解。

第三字从戈、干声,应读为"干","戈"为赘加的义符,这样的例子多见,如《中山王壶铭文》的"救"作"栽"即从"戈"。"干"训为"干预、干涉",如《后汉书·孝仁董皇后纪》"后每欲参干政事,太后辄相禁塞",又《蔡邕传》"今灾眚之发……皆妇人干政之所致也"。

第四字严格地讲,应该隶定作"斯",此字在简中应当读为"策"字。"策"字或作上从"竹"、下从"片";或者添加义符"竹"作"筞",该字见于中山王壶铭文。于豪亮先生的考释是:"筞即策字,《老子·二十七章》:'善数者无筹策',马王堆帛书甲本老子作'善数者不用梼筞',乙本老子作'善数者不用梼笴'",析或作斯,皆以斤劈木,同意。①"策"当"谋略"讲,《史记·张耳陈馀列传》:"怨陈王不用其策。"又《三国志·魏书·荀攸传》:"公达(即荀攸)前后凡画奇策十二。"

以上是孔子针对每况愈下、天灾人祸的时局十分忧虑,批评今之"君子"文过饰非、干预政策,又"难以纳谏",敦告中弓,一旦为政,切勿做这样的"君子"。

六、夫行,巽华學杳也(简二十三)

此句原考释是:把"'行',行为,德行。《周礼·地官·师氏》:'敏德以为行本。''巽',具备,《说文·丌部》:'具也。'徐锴《系传》:'具,谓僎具而进之也。''學',从子,曰声,读为'学'。'华学',义不详,待考。'杳'从本,从曰,《郭店楚墓竹简·成之闻之》均释为本。"有学者提出异议。②

---

① 于豪亮:《中山三器铭文考释》,《考古学报》,1979年第3期。
② 陈剑:《上博竹书〈仲弓〉篇新编释文(稿)》,简帛研究网站(http://www.bsm.org.cn/),发布时间:2004年4月18日,引用时间:2004年9月;黄人二、林志鹏:《上博藏简第三册仲弓试探》,简帛研究网站(http://www.bsm.org.cn/),发布时间:2004年5月18日,引用时间:2004年9月;禤健聪:《上博简(三)小札》,简帛研究网站(http://www.bsm.org.cn/),发布时间:2004年5月29日,引用时间:2004年9月。

我们以为，原考释把"德"训为"行为，德行"、将"**学**"读为"学"以及"**杏**"释为"本"均可从；而将"巽"训为"具备"却无法解释句义，等于没说。实际上，"巽"可训为"和顺、恭顺"，如《论语·子罕》"巽与之言，能无说乎？"，又"巽"通"逊"，也有"恭顺、谦逊"之意；《史记·外戚世家》"栗姬怒，不肯应，言不逊"，《后汉书·胡广传》"常逊言恭色"，这样，此句意思便很显豁：夫，是发语词，引起议论；句子是用了一个比喻，逊华学本即以逊为华、以学为本，即以谦逊为外表，以学识做根本。《中弓》一文反映的是孔子的政治思想，他认为，从政需要具备诸多条件：祭需至敬、老老慈幼、先有司、惑过与罪、道（导）民兴德……在施行这些条件的过程中，都要恭行不倦、和缓温稳，若为"独独狷人，则难为从正"，这些又与孔子一贯提倡的"温、良、恭、俭、让"吻合。

（原载《汉字研究》第一辑，中国文字学会、河北大学汉字研究中心编，学苑出版社，2005年）

上博简《容成氏》补释数则

近两三年来，上海博物馆刊布出版的《上海博物馆藏战国楚竹书》（一、二、三）成了学术界的热点，而文字考释无疑是上博简诸多研究中的重头戏。因为正如于省吾先生所说："甲骨文的研究是多方面的，但是文字考释是一项基础工作。"①事实上，所有出土文献的研究中，古文字的研究历来都是其他研究的基础，文、史、哲等方面的研究无不建立在古文字研究成果的基础之上。战国文字的研究也不例外。李学勤先生也说："这说明了出土文献的研究工作最基础的还是考释文字。考释工作是工作重心，必不可缺，不认识字是很危险的，目前考释文字已经取得了许多成果。但同时，这也反映了新出土文献实在太多了，当前对出土文献的研究主要还处于考释文字阶段。不能正确考释文字，建立的推论恐怕很危险，很成问题。这也使我们认识到必须进一步作文字考释，认识到战国文字研究有必要进一步深入发展。"②公允地说，上博简的原考释以及其他许多文章的文字考释对上博简的研究做出了很大贡献，而且绝大部分是正确可信的，当然也有一些说法尚未最终定论。今于此不揣谫陋，提出自己的几点看法，以就正于方家。

---

① 于省吾：《甲骨文字释林·序》，北京：中华书局，1993年，第3页。
② 李学勤：《李学勤先生在清华大学"新出楚简与儒学思想国际学术研讨会"上的演讲》，简帛网站（http://www.bsm.org.cn/），发布时间：2002年9月6日，引用时间：2005年5月。

一、䛂（简3）

李零：隶为"䛂"，读为"诲"。①

苏建洲认为"䛂"即"诲"，容庚先生说"诲"与"谋"为一字。《说文》"诲"字古文从每从口，又从母从言。王孙钟"诲獣"即"谋獣"（《金文编》140页）。《说文·言部》："诲，晓教也。"②

按，上边二位认为释为"诲"，我们以为此字释为"谋"更为恰切。"言""心"二旁古通，如"惎"字或从"言"从"身"；又如"诉"，《说文·言部》"或从朔从心"，"讼"《说文·言部》"古文讼从心"，"詩"《说文·言部》"詩或从心"，而"谋"《说文》古文一从"母"从"口"，一从"母"从"心"。再说，"教"本身就含有"诲"意，若再释为"诲"，便显重复，"谋"意为"为……谋"。《孔子诗论》26简"得而谋之"之"谋"，正从"母"得声，从"心"为义符。亦当如此释读。本䛂37简"汤乃　（谋）戒求　（贤）……"同。

二、卉备（简15）

李零："卉服"，草服。

苏建洲："草服"，大概是"蓑衣"一类的东西。《尚书·禹贡》："岛夷卉服"，疏引郑玄云："此洲下湿，故衣草服。"《尔雅·释草》："卉，草。"

按，应为"草服"。原图版从三"屮"，原字当严格隶定为"芔"。"芔"，《说文》："艸之总名也，从艸从屮。""草服""草茅"当是先秦成语，"草茅"一语亦多见，如《上海博物馆藏战国楚竹书·子羔》第5简正面谓"尧之取

---

① 马承源主编《上海博物馆藏战国楚竹书（二）》，上海：上海古籍出版社，2002年。以下出自该编之处，不复一一注出。
② 苏建洲：季旭升主编《上海博物馆藏战国楚竹书（二）读本》，陈美兰、苏建洲、陈嘉凌合撰，万卷楼图书股份有限公司，2003年。如无特别指出，下引同。

舜也，从诸艸茅之中，与之言礼，敛専口"，除马承源先生所举《战国策》外，还有《管子·明法解第六十七》："草茅弗去，则害禾谷；盗贼弗诛，则伤良民。"可为证明。16 简的"卉木"亦应为"草木"。《开元占经》卷二十三引《甘氏》："（岁星）有因色，草木伤。"《楚帛书》中的"卉木"大约也应读为"草木"。李学勤先生认为该字就是"艸"。①

三、东方之羿呂日（简 20）

李零："羿"即"旗"。古人朝日于东，故东方之旗以日。

苏建洲：这种"日东月西"的观念亦见于 1960 年湖北荆门市漳河车桥战国墓出土的"兵闢（避）太岁"戈（参李零先生《中国方术续考》219-221 页、胡文辉《中国早期方术与文献丛考》306 页）。另外，《曾侯乙墓》出土"衣箱与盖上青龙相应的一侧绘有一日状物，圆面向下；与白虎相应的一侧绘一蟾蜍，表示月亮，象征日、月居于东西地平线偏下之处"②亦是一例。

按，二说的确。"旗"以"兀"为声符，以"羽"为意符，相同字形亦见于《郭·成之闻之》三十和《尊德义》二。"丌""兀"为一字，另外该字又见于本册《从政》（甲）简 15，原考释者张光裕先生读为"基"，谓"'事必有基则贼'，待考"。事实上，此字如释为"旗"，读为"欺"，"旗"为群纽之部，"欺"为溪纽之部，上古音可通，则豁然通畅。

四、赨（简 22）

李零：隶为左"童"右"攵"，读为"撞"。

何有祖：字形与中山王鼎之"立+童"（《战国文字编》696 页）相同，又

---

① 李学勤：《楚简〈子羔〉研究》，《上博馆藏战国楚竹书研究续编》，上海：上海书店出版社，2004 年。
② 刘信芳：《曾侯乙墓衣箱礼俗试探》，《考古》，1992 年，第 937 页。

同于"重"的本字"重（货系4071）""重（郭店成之闻之10）"（见《战国文字编》573页），有别于《容成氏》简21"食不童（重）味"之"童"字。此字应释作敼，从攴、重声，读作重。这句话大意是重鼓（声音才可以传达内堂）禹必然快速出来（处理讼事）。似乎还没有达到需要撞鼓的程度。①

陈剑：裘锡圭先生认为，"撞鼓"实不辞，字当释为"敼"读为"击"，此从其说。②

按，显而易见此字左从"重"，右从"攵"，而"重"与"童"为一声之转，在金文中"钟"既有从"重"得声者，如《楚公家钟》从"重"（在左）；也有从"童"得声者，如《中义钟》右旁上为"童"，其下赘加"东"也做声符，例甚多，不备举。还如前一简"食不重味"之"重"用"童"，本简却又用"重"，可见，"重"与"童"于古文字中可混用。"攴""才"二旁古通。《说文·手部十二上》"扶"之古文右从"攵"或"攴"，同部"扬""播"等字古文亦是如此。故该字释为"撞"应无疑问。"撞鼓"不能谓为不辞，"撞"本来就有"击"义，"撞鼓"即"击鼓"，一固定结构之凝成，需一过程，或者已经凝成，然"击鼓"行而"撞鼓"废亦未可知。故确释为"撞"。（附带提一下《上博简（一）·性情论》简18此字读为"动"）

五、山陵不凥（简23）

李零：即"山陵不序"。子弹库楚帛书"山陵不㳄"或与此同（"㳄"疑同"疏"，读为"序"，"疏"是生母鱼部字，"凥"同"处"，是昌母鱼部字，读音相近），意思是山陵没有秩序。

苏建洲：山陵的生成似不可以"秩序"规范之。《楚帛书》的"㳄"，饶

---

① 何有祖：《读上博简〈容成氏〉偶得》，简帛网站（http://www.bsm.org.cn/）. 发布时间：2003年7月10日，引用时间：2005年5月。
② 陈剑：《上博楚简〈容成氏〉与古史传说》，《"中央研究院"成立75周年纪念论文集—中国南方文明学术研讨会》，"史语所"，2003年。

宗颐原释为"疏",后改释为"毃",谓"山陵不毃"即山陵各就其所,神民不相杂错,言禹与冥治水之功……二说当以前说为是。所以读作"山陵不疏"应该是较好的。

陈剑:"凥"原读为"序",此从白于蓝《读上博简(二)札记》读为"处"。训为"止","山陵不处"指山陵崩解而壅塞川谷造成水患。"洞"字图版有模糊之处,原释为"湝",谛审字形不类,且文意难通。今改释为"洞"读为"通","水潦不通"正承上山陵崩解而言。

按,释"序",使句与前文相连,难以讲通;读"疏",同前文联系,显得勉强。白于蓝读"处"正确无疑。陈剑训"处"为"止",认为"山陵崩解而壅塞川谷造成水患",显得突兀。本人认为此字应释为"处"的确,然当训为"居、居处"。《韩非子·说疑》:"故居处饮食如此其不节也,制刑杀戮如此其无度也。""山陵不处"即"不处山陵",《淮南子·本经》"龙门未开,吕梁未发。江、淮通流,四海溟涬,民皆上丘陵,赴树木",又《齐俗》"禹之时,天下大雨,禹令民聚土积薪,择丘陵而处之",都可为证。而舜"听政三年"后,天下没有理由不呈大治,人民不再避居山陵,舜还对功绩卓越的人"封以平隰"。然"水潦不湝",于是勤政为民的舜又"立禹为司工","舜乃使禹疏三江五湖,辟伊阙,道廛、涧,平通沟六,流注东海"(《淮南子·本经》),揭开大禹治水的光辉一页。《管子·轻重甲第八十》:"君求焉而无止,民无以待之,走亡而栖山阜。"此处人祸可从反面证之,《淮南子·人间》"古者沟防不修,水为民害,禹凿龙门,辟伊阙,平治水土,使民得六处"。下文写经禹励精图治之后,九州始可居处,更加可以证明这里释为"山陵不处"为不误。

六、波明者之泽(简24)

李零:即"陂明都之泽"。《书·禹贡》作"被孟猪",《史记·夏本纪》

作"被明都","被"当读为"陂",即《禹贡》"九泽既陂"之"陂",是筑堤障塞之义。"明都之泽",即古书常见的孟诸泽,"明都""孟猪"皆"孟诸"之异文。方位在今河南商丘东北,单县西南,元代以后堙废。

苏建洲:同李零先生释。

按,释"波"为"陂",于文献确有可稽,但是如果解作"筑堤障塞",同下文"决九河"相矛盾。众所周知,禹父治水采取堵塞办法,结果不行,而大禹治水,使用疏导之术,故而,这里释为"陂"于理难通(典籍中"陂"亦值得怀疑)。我们认为"波"借为"披"当更加允当。"披"有"打开"之意,《汉书·薛宣传》:"披抉其门而杀之。"颜师古注:"披,发也。"另在语言的"活化石"——成语中也有孑遗,如"披肝沥胆"之"披"亦取此意。

七、六頪(简30)

李零:即"六律","律""頪"音同互用(二字都是来母物部字)。下面的"六"字应接"吕"字。案:此下疑有脱简。

苏建洲:即"类",读作"律"。见《郭店·尊德义》30、《性自命出》17等。"类""律"古音均为来纽物部,故可通假。

按,读"律"无误,"頪"读"类","类"与"律"通。《礼记·乐记》:"律小大之称。"《史记·乐书》律作类(高亨、董治安《古字通假会典》,535页,齐鲁书社,1989年7月)。古人重视音律,以之用于祭祀、教化、娱乐等。如《国语·楚语下》"是以先王之祀也,以一纯、二精、三牲、四时、五色、六律……以致之……",《郑语》"是以和五味以调口,刚四支以卫体,和六律以聪耳……",《淮南子·泰族》"夔之初作乐也,皆合六律而调五音,以通八风……",是为作乐之道;又《本经》"用六律者,伐乱禁暴,进贤而退不肖……",此为制音作乐之用。

本文在写作过程中,曾得到安徽大学的黄德宽先生、何琳仪先生、徐在国先生、刘信芳先生等大力关注与热心指导,在此鸣谢!

(原载于《中国文字研究》第六辑,教育部人文社会科学重点研究基地华东师范大学中国文字研究与应用中心编,广西教育出版社,2005年)

试谈楚系简帛文字中涂黑别义现象

文字创制之初，乃至发展之后较长的时期内，其数量都是非常有限的，但因社会生活日益发展，在文字使用的实际中，不足敷用，不甚规范，比如甲骨文，姚孝遂等先生就说："……由于甲骨文还处于急骤的孳乳分化过程中，不同的文字符号，在形体上出现了混同的现象。"①因此，借形（数形一用，或谓同形字，详另文）、借音（即音近借用的通假字，亦详另文）、借义（也叫义换用，或谓同义换读，亦详另文）等形、音、义互借情况在所难免，此可以参见裘锡圭先生有关论述②。特别是在文字发展的初期阶段，这种现象尤为普遍。就拿古文字早期比较成熟的汉字——甲骨文来说，其中就有形体相同而音义完全互异的情况存在，陈炜湛先生在《古文字学纲要》中有论，陈先生把这种情况称作"数字一形"，最为典型的例子便是"火"与"山"。③

我们知道，形体相同可是意义不同的情况，只有在具体的语言环境中才能区别开来，这就不符合文字形体清晰、表义精密的基本原则。于是人们早就想方设法通过在形体上"动用手脚"来达到"区形别义"（当然现代汉字中依然有音义各别的同形字与一个字有众多义项的一字多义，这固然另当别论），还拿上举的"火"与"山"字为例，到晚期甲骨文中，下面圆转者为"火"，而下面平展者为"山"，这在形体上就可以"望文生义"了，不至于似曾相识，却要"察而见义"。

---

① 姚孝遂：《殷墟甲骨刻辞类纂·序》，北京：中华书局，1989年，第6页。
② 裘锡圭：《文字学概要》，北京：商务印书馆，1988年，第221页。
③ 陈炜湛、唐钰明编者：《古文字学纲要》，广州：中山大学出版社，1988年，第60页。

在战国楚系简帛文字中,依托文字形体,借助多种手段来达到"以形别义"目的的做法很多,据我们考察,主要有以下几种:

(1)变更笔画;

(2)增益笔画;

(3)添加偏旁;

(4)涂黑局部。

现在我们专门来谈一下作为一种区别手段之一——楚系简帛文字中涂黑别义现象。

大家知道,填实与虚阔在较为早期的古文字中曾经没有区别,例如甲骨文中"旦"字,日下的那笔或填实或虚阔,都是作"旦"字使用,在很多情况下都不会产生误解与歧义;又如金文"才"字既可以涂黑,又可以虚阔(《金文编》327 页①),还有张懋镕先生《试论商周青铜器族徽文字的结构特点》一文中也列举了不少关于虚阔与填实无别的字例,可以参看。②还有,在侯马盟书中,晋先公之庙称"丕显✦公大冢","公"前之字亦可作"✦",被当作异体来对待。③填实与虚阔无异,这在古文字的考释中已经被作为一个规则在使用。但是,时代在变化,文字本身的各种情况也在不断地发生变化,填实(或部分填实)与虚阔在战国楚系简帛文字中已经作为一种区别手段在使用。我们在此就谈一下涂黑局部形体作为互相区别的手段之一。显然,这种做法不同于变更笔画、增益笔画和添加偏旁。

黄德宽在《楚简〈周易〉"✦"字说》一文中这样说道:"他们(指何琳仪、刘钊、徐在国)认为涂黑是有别义作用的,这显然是合理的推测。"接着黄先生又讲道"涂黑当是一种别义手段,或是一种因利乘便的构字方法","如

---

① 容庚编著,张振林、马国权摹补,《金文编》,北京:中华书局,1985 年;《古文字研究》(第三辑)裘锡圭《释秘》也引用此字。

② 张懋镕:《试论商周青铜器族徽文字的结构特点》,《古文字研究》第二十五辑,北京:中华书局,2004 年。

③ 山西省文物工作委员会编:《侯马盟书》,北京:文物出版社,1976 年。

果涂黑确实具有上述作用，那么这则是楚文字中的一种值得注意的新现象"。①

我们现在就顺着这个思路来对各位先生的说法及黄先生的构想提供一些依据。

通过考查大量楚系简帛文字用例，我们认为：楚系简帛文字中的确存在着利用涂黑某个字（或其局部）来对一些形似文字进行区别的做法。如《郭店楚墓竹简》71·28、《郭店楚墓竹简》71·29 的几个字，②李家浩先生谓："裘（锡圭）先生根据文义，指出'弟'上一字'必当读为"昆弟"之"昆"'，无疑是正确的。不过从字形来说，这个字就是古文'昆'。"③

我们以为，此"昆"字在笔画的虚阔处完全涂黑，乃是为了与"革"字相互区别。我们检阅滕壬生先生《楚系简帛文字编》"革"字条，④共有 36 个，多作中间上边空阔，无涂黑者（其中有一个字从"衣"作，涂黑中间上边部分，是否"革"字，尚属可疑。215-216 页），《汗简》与《古文四声韵》的"昆"或"混"字加一圆点也是为了与他字区别（如"革"字）。

又如"🥚（卵）"字，《滕编》（951 页）中所收四个，全部在空阔处涂黑（《上博简》中出现的"卵"字亦如此，像《上海博物馆藏战国楚竹书（二）·子羔》简 2 的"卵"字就作）(；而同书（《滕编》1078-1079 页）的"🥚（卵）"字（包括从"卯"之字，如《郭店楚墓竹简·缁衣》"君子不自窗（留）如女<安（焉）>"，其"窗"字所从"卯"，也未涂黑）共录有 28 个，其中加有饰笔的仅有 6 个（《古玺汇编》3268 的"卯"是个例外）。⑤由此可见，涂黑是作为文字使用中一种区别手段来运用的。

---

① 何琳仪、黄德宽、徐在国：《新出楚简文字考》，合肥：安徽大学出版社，2007年，第 188 页。
② 荆门市博物馆：《郭店楚墓竹简》，文物出版社，1998年，以下援引不复注出。
③ 李家浩：《楚墓竹简中的"昆"字及从"昆"之字》，《著名中年语言学家自选集·李家浩卷》，合肥：安徽教育出版社，2002 年。
④ 滕壬生：《楚系简帛文字编》，武汉：湖北教育出版社，1995年。以下简称《滕编》，不复注明出处。
⑤ 何琳仪：《战国兵器铭文选释》，《考古与文物》，1999（05）：83-96。

还有，"巳"（或从"巳"之字如"◯"字）作"◯""◯""◯""◯"<《上海博物馆藏战国楚竹书（二）·容成氏》简23、28>等与"云"<或从"云"之字如◯（会）字>作"◯"如《上海博物馆藏战国楚竹书（二）·容成氏》简29的◯。从外形上看，撇开虚阔与填实不论，它们也都是极其相似的，但是，我们遍查《滕编》（1081-1083页）所有"巳"字（达38个），其空阔处无一涂黑；而从"云"诸字如《玺汇》3161至3165的"姓名私玺"都是涂黑"云"的上部空阔之处。也正因此，有学者把《楚帛书》的从"邑""云"声的字也考释出来，①即"邔"字，而且已经成为定谳（严一萍《楚缯书新证》释"巳"显然不对。陈炜湛先生在《包山楚简研究（七篇）》一文中仍将该字释为"从巳从阝"）。②这些显然同样可以说明：涂黑已经作为一种形体区别的手段在使用了。

其他还如"乙"《长沙子弹库楚帛书》作为"玄鸟"的"乙"与甲乙的"乙"也各不相同，前者在上边一短横上涂黑涂粗，而后者则不然。请参曾宪通先生《长沙楚帛书文字编》（该书31页的"朱"似乎也是如此，以与"未"字相互区别）。③又如"◯（丁）"字（《滕编》中19个有14个涂黑，1060页）与"厶"字；④"……山、◯形近易混……"⑤省"艹"而成的"中"字（或从"中"之字如◯《郭店楚墓竹简·语四》三）、◯（《郭店楚墓竹简·五行》

---

① 朱德熙：《鄂君启节考释（八篇）》，《朱德熙文集》，北京：中华书局，1995年，第194-195页。
② 陈炜湛：《包山楚简研究（七篇）》，《容庚先生百年诞辰纪念文集》，广州：广东人民出版社，1998年，第588页。刘钊先生则认为此字"◯"应隶作'邔'。'邔'字见于《集韵》，乃'郧'字异构……"可从。刘钊：《出土简帛文献丛考》，台北：台湾古籍出版有限公司，2004年，第6页。
③ 曾宪通：《长沙楚帛书文字编》，北京：中华书局，1993年。以下所引亦出自该书，不复注出。
④ 刘钊："简128有字作'◯'，又见于简141、196等。字表释为'丁'。按简文'丁'字皆作'◯''◯'实心形，而'◯'非丁字，乃'厶'，即'私'字。古玺作'◯''◯'形，与简文形同……"《出土简帛文献丛考》，台北：台湾古籍出版有限公司，2004年，第21页。
⑤ 黄锡全：《介绍新见"上范厨"勺》，《古文字研究》第二十六辑，北京：中华书局，2006年。

六），笔画粗细匀净）与"⛰（山）"字<或从"山"之字如《郭店楚墓竹简·老子》简13"冬（终）身不㲺（侮）">常在"山"的中间竖画下端与其他画的交接处涂黑或在中间一画的中上部加一横以与其他文字区别，如⛰（再如曾宪通先生《长沙楚帛书文字编》所收五个"山"皆同上述）；"戍"字（常常在第一与第二画相接处加一撇或涂黑或干脆空着，《滕编》1060-1062页）与"戌"字等例不备举。

如此，我们可以肯定地说，"楚文字已经高度发达"，这种通过涂黑某个字的整体（或其部分）以与其他形似文字进行区分的做法，乃是自然而然的事情，这应当说明在文字的使用中已经自觉地朝着文字形体的明晰化方向迈进。甚至，连远在北方的中山国，汉字的使用者们也在运用同样手段在区别着正在使用的一些形似文字（或偏旁）如"山"字作"⛰"（中山王方壶，中山王大鼎与中山侯钺的"山"字与之类似）而"蒙"字所从的"草"则作"⚜"。当然因为种种原因，事与愿违，比如，由于书者不同，由于没有强硬的权威性和普遍的规范性来加以施行与约束（如有不少字形有的涂黑，有的没有涂黑，很不严格，如包山楚简有一个"巳"字即涂黑而与"云"字无别，是个例外；望山简二号墓49简有字从"糸"从"革"，其"革"上部在50简中便涂黑了），这就使得这种本来很不错的做法，根本就无由推广而归于寂灭，反倒会使得本已混乱的文字更加混乱。

基于此，黄先生关于"禾"字释读的结论应很可信。

（原载于《古籍研究》2008卷上（总第53期），安徽大学出版社，2008年）

浅谈俗字"丩"(钱)的造字理据

黄德宽先生在其文中曾经这样指出:"20世纪尤其是上世纪80年代以来俗字研究逐步得以加强,成为文字学的一个新的亮点。俗字研究是一个有待进一步开拓的研究领域,还有许多课题需要学者解决。"①裘锡圭先生也曾指出俗字研究的重要意义:"俗字在汉字发展过程中所起的作用十分重要。要想建立起完整的、高水平的汉字学,必须先深入研究各个时代的俗字……"②很显然,在这里,二位先生都非常强调俗字研究的重要性。

张涌泉先生在俗字研究方面一直用力最勤,建树也极卓越,构成这一研究领域亮点的核心。③近来拜读张先生力作《汉语俗字研究》(岳麓书社,1995年,以下如无特别说明,皆是指出自该书,不再一一注明),略有想法,遂不自量力,试对其中一个俗字"丩"的造字理据做出阐释,恳请方家指正。

张先生《汉语俗字研究》:"'丩'字字书不载,又无异文比勘;从字形上来看,俗书与'丩'相近的有'丩'字,'丩'即'身'字草书,但作'身'与上文文义不合。这时我们就不得不舍形而求义,通过审察文义的手段,推

---

① 黄德宽:《从转型到建构:世纪之交的汉字研究与汉语文字学》,《汉字研究》第一辑,北京:学苑出版社,2005年。
② 裘锡圭:《〈汉语俗字研究〉序》,张涌泉:《汉语俗字研究》,岳麓书社,1995年。
③ 张涌泉有关这方面的论作有:《试论敦煌写卷文字研究之意义》,《敦煌研究院1990年敦煌学国际学术讨论会论文集》;《敦煌写卷俗字的类型及其考辨方法》,香港《九州学刊》1992年第2期;《敦煌俗字研究》,上海教育出版社,1996年;《试论汉语俗字研究的意义》,《中国社会科学》1996年第2期;《汉语俗字丛考》,中华书局,2000年。

断'朩'当是'钱'的俗字，以'钱'代'身'，则原文文意顺适。不过'钱'为什么会写作'朩'，则仍是一个有待继续探究的'不解之谜。"张先生所举的不少例子，如"俄罗斯藏符卢格编365号《妙法莲花经讲经文（二）》：'有为'朩'财，长富贵，一世不忧多称心。'凡是此'朩'皆为'钱'的俗字。宋孙奕《履斋示儿编》卷二二引《字谱总论讹字》云：'又如顾之顾，钱之朩……凡此皆俗书也。'《京本通俗小说》中'钱'字多写作'朩'"。通过张先生精当的分析取证，我们完全可以坐实"朩"字就是"钱"字的俗字，这是毋庸置疑的。然而，"钱"字为什么俗作"朩"字？后人在不断探讨。

今人易熙吾先生曾对此做过阐释，谓"钱"俗或作"朩"字系由"泉"字简化而来。①我们知道，随着社会经济的发展，诸事日繁，需要以文字记录的东西太多，记录者会想方设法进行省减，这表明"简化是汉字自身发展的一个规律"②。又，裘锡圭先生也谓："一般认为历史上汉字字形变化的主要趋势是简化"。但是，我们有理由认为，"泉"字就形体上来说，它无论如何简化，都不会简为"朩"字，所以这种说法显然是经不住推敲的。如果从音理上讲，二字同声母、共韵部，皆为从母元部字，谓是借用，则无不可。如《管子·轻重丁篇》云："今齐西之粟釜百泉，则鏂二十也；齐东之粟釜十泉，则鏂二泉。"其中"泉"字即"钱"的借字。或取象于钱如同泉水源源不断亦未可知。那么，此字究竟是什么字，它的造字理据到底又是什么？

我们不妨首先来看一下古代很多达者的钱财观。孔子《论语·述而》云"不义而富且贵，于我如浮云"；刘向《说苑》"以财为草，以身为宝""千金之子，不立危垣之下""虽富贵不以养伤身"，尤其是后来的许多人都认为，钱财为身外之物……这些表明，许多古人往往重身体，轻钱财。而从这里，我们可以得到启发，即聪明的人都有这样一个理念：他们把钱看作身外之物。这应当是"朩"为"钱"字俗字的哲学依据。

---

① 易熙吾：《草书楷化可采为简体字》，《文字改革论集》，新知出版社，1956年。
② 黄德宽、陈秉新：《汉语文字学史》，合肥：安徽教育出版社，2006年，第272页。

记得黄德宽先生在《汉字基本构形方式·三·会意》一章里这样讲道："1、通过两个或两个以上的字符的组合来表达构成记录词语的符号方法。2、利用字形、概念、符号来表达……"黄先生在举出了好多正体会意字外，还胪列了诸多俗体会意字，象：大言（夸）为夸；少力为劣；大力为夯；䕻、羺（俱为膻的异体俗字）、不好为孬；不少（歺）为多；巧言（辯）为辩；先人（耂）为老；不长（㞕）为矮；不明（晻）为暗；初生（壬）为嫩；大衣（袤）为宽……①从这里我们还可以看出，俗字的构形特征：大量地运用会意造字方法。

还有，在书写工具不是很先进的古代，书写者求快趋简心理促使他们对众多字频出现很高的字大动脑筋，在这个原动力的作用下，"钱"等与人们日常生活密切关联的文字，马上闯入其视野，于是他们想方设法进行重构其俗体异文，借以替代原有的笔画较多的正字（原来没有简化的"钱"字共有16画之多），这样，大批俗体字"应运而生"，如从"爿"的字常俗写作"丬"，壮、状等即是；从"豸"的俗作"犭"，如豹、貉等便是。并且，张涌泉先生还说"办"即是"身"字的草书，而草书正是求简求快的产物，因此，这"身外之物"的"钱"字也便这样形成（俗字"办"字仅仅3画）。

有了这种理念，如何把它的构形表示出来？这同样难不倒那些俗字的创制者们。我们知道，只要考察一下诸如"刃、血、本、末……"等字，这些字同样可以启迪造俗字的人们：既然这些字上的"丿""丶""、""一"可以用来标志指物，那么，身外之物的"钱"字为什么不可以写作"办"？俗字"办"字就这样被造了出来。

此外，"所谓'俗'者，例皆浅近，唯藉帐文案券契药方，非涉雅言，用亦无爽……"（颜元孙《干禄字书序》）。事实上，也近乎如此。账簿、文案、券契、药方，只要不至于引起误解，用也无妨。而魏晋以降，由于佛经广泛

---

① 该处引自黄德宽先生给我们授课的讲稿。

传播，其在抄写中亦产生了大量的俗体字，这似乎成了一种风气。张先生在《汉语俗字研究》中归纳出俗字的五个特点，通俗性即是其中之一，这也正是许多俗字产生以后在诸多领域运用、在许多时代流布的原因所在。

基于以上，我们可以这样结论："扔"字是以身外之物为理念、以求简义明为旨趣、以会意组合为理据、以标志指物为构形而另造的俗体会意字，它是许多俗字的典型代表。

（原载于《淮北煤炭师范学院学报》（哲学社会科学版），第 29 卷第 5 期，2008 年）

释《包山楚简》中的"楚"字

古文字发展到战国阶段，由于种种原因，书写风格多样，形体异态纷呈，都达到了匪夷所思的地步，合文最能体现这种特点。

战国楚系简帛文字中的合文也同样具有这样的特征：多用合文符号、结构类型多样、字形高度减省。

李家浩先生谓："古文字中的合文，通常在合文下加有合文符号，但也有不加合文符号的，尤其是货币文字。疑币文'鄩'，也是没有合文符号的合文。"①

楚系简帛文字中的合文，绝大多数在合文的右下角标上"="或"—"，但是也有相当一部分就根本没有任何标志，这只能靠我们由字面与文义来加以判别与考释。没有标志的合文在已经出土的楚系简帛文字中大量存在，如"'一月'仅占一格位置，是合文而漏合文符号"。②楚系简帛中不加合文标志的合文很多，《战国文字编》《楚文字编》《楚系简帛文字编》中所收这类合文也有不少，例不备举。

陈伟先生在《郭店竹书〈忠信之道〉零识》中认为："实则此字有可能是大古合文……"③陈伟先生对此字的考释是在没有合文标志的情况下来考释。这说明，正如我们所说，合文在使用时也有不少并不是借助于合文符号来标

---

① 李家浩：《战国货币考（七篇）》，《著名中青年语言学家自选集·李加浩卷》，合肥：安徽教育出版社，2002年，第176页。
② 曾宪通：《长沙楚帛书文字编》，北京：中华书局，1993年，第116页；汤余惠、徐在国等编著：《战国文字编》，福州：福建人民出版社，2001后面附有合文，包括没有合文符号的合文。
③ 陈伟：《郭店竹书〈忠信之道〉零识》，《中华文史论丛》第七十九辑，上海：上海古籍出版社，2005年。

志的。

同样，陈炜湛生先在《包山楚简研究》（七篇）中就谓："……至战国，则多用合文符号，即以二短横示之，与重文符号同，需须据文义辨之。楚简亦多见之。包山楚简不仅合文数量多，而且同为合文，既可施二短横以示意，亦可不加符号，二者并存……既然合文与析书并存，且合文之标志符号亦可有可无，那么，循此以求，不能排除有一些合体字实属二字合文而未加合文符号的可能。易言之，当还可能辨认出一些无合文符号的二字合文来……"①这位陈先生也据此考释出诸如"戠牛""故仍以理解为'从臣从仆'（增形符以表意）为宜"等二字合文来。还有非常明显的就是依照表述惯例，如《包山楚简》第228简的"✱"，其在"大司马恕（悼）愲（滑）徥楚邦之帀（师）徒以救郙之岁，䎽（荆）尸之月己卯之日，陈乙以共命为左尹坨贞……"之中，所以它无疑是"之月"二字合文，却无合文符号标志，而下面的"之日"倒有了（234简"之月"二字合文则有合文符号）。②如此看来，《包山楚简》不标合文符号的合文还应当有。

《包山楚简》第144简中有这样一个字作"✱"，原考释者释之为"㭴"，李守奎《楚文字编》与李运富先生《楚国简帛文字构形系统研究》，③皆隶作"㭴"，即以为字从"木""侄"声。

我们先来看"至"字。《楚系简帛文字编》（以下简称《字编》）第175页共收"至"字32个，其中31个是作"✱"（一例稍异为"✱"），另一个相异形体作"✱"④。

再来看看"告"。"楚国'告'字下半皆从'口'旁，独体时多作'✱'

---

① 陈炜湛：《包山楚简研究》（七篇），《容庚先生百年诞辰纪念文集》，广州：广东人民出版社，1984年，第576页。
② 湖北省荆沙铁路考古队：《包山楚简》，文物出版社，1991年。下文如再出现，不复一一注出。
③ 李守奎编：《楚文字编》，上海：华东师范大学出版社，2003年，第353页；李运富：《楚国简帛文字构形系统研究》，长沙：岳麓书社，1997年，第25页。
④ 滕壬生：《楚系简帛文字编》，武汉：湖北教育出版社，1995年，第87页。

形(包山简15),在偏旁中多在顶端增添一道斜笔作'㐭'形……"①如从"告"的"俈",作"㓉"或"㓉"(《字编》,第137页);从"告"的"䧞"作"䧞"(《字编》,第99页)。

战国文字中的合文构成,类型多样,其中就有合文共用偏旁,"桎"和"梧"两字皆从"木"旁,所以共用一个"木"字部件作为共同的偏旁是完全可以而且毫无问题,这样的例子非常之多,如"邯郸"合文共用一个"阝"等。这是左边的形符。

右边呢?去掉"木"字以后剩下一个"㚘",我们不妨认为它是由两个部件构成,即上边的"人"与下边的"至"。对于这个构形,我们是这样分析的。这两个部件构成的形体,我们既可以说它是"至",又可以说它是"告"。认为它是"至",是因为它跟许多"至"相比,除了"人"形外,在形体上与其他的"至"完全吻合(参上引诸例),"人"形可以看作"桎"的一部分,则字可理解为从"木""侄"声,也可以理解为见缝插针而加的"人",楚系简帛文字中与人有关的有赘加"人"旁的做法,如"倪""俤"等(详另文);说它是"告",是由于这个"人"形简直就是常见的"告"字中间的那个复合笔画,即"㇉",而"㚘"形则可以被当作是"㇒"形的复笔,古文字中的笔画往往单复无别,因此,把右边整个形体看作是用"="来省形、省掉下边"口"的"告"字也是完全可以讲得通的(包山楚简170有字作"㚘"还是略有不同)。

我们发现,战国文字中,以轮廓来显示合文形体的现象大有例在,最为典型的当是"相如"二字合文了。这个合文最有趣味。如果不从外形上刻意牵合,很难识别这是两个字。认作是"相"吧,它又少个"木",认作是"如"吧,它的"目"中又多了两"短横",还有一些,可参阅何琳仪先生《战国文

---

① 林清源:《楚国文字构形研究》,私立东海大学中国文学系博士论文,1997年,第187页;[日]大西克也:《战国楚系文字中的两种"告"字——兼释上博楚简〈容成氏〉的"三俈"》,《简帛》第一辑,上海:上海古籍出版社,2006年,该篇文章曾论及"告"字形体,可参。

字通论》(订补)。①还有𧮫(《九》M56 39),"营"字的"炏"在字中出现,下边的部分被省去,留下空间来填充"室"字的"至",这既有共用,又有省减,是典型的以轮廓来凸显字形的做法。所以遇到这种合文,只能以形合字,大体识之。《古玺汇编》3202、3203、3204 三玺,刘乐贤先生《古玺文字考释(十则)》中将它们释为"公帀"二字合文,其为此二字只有个轮廓;②同样,《古玺汇编》的 0220 之"司寇"合文、0262 的"上高"合文也是如此。

基于以上论述,我们倾向把这个字当作"桎梏"二字来看待。此外,还有一个理由就是,书手要是写一个"桎"字,他完全应该写作"𣏂"形,而不会写作"𣏂"形,同简的"小人逃至州市"的"至"即作"𣏃",它简亦多如此。这可作为旁证。只是这个合文没有用较为常见的合文符号加以标指罢了。

"桎梏"是"三木"(即"枷"和"桎梏")之二。"桎",《说文》:"桎,足械也。从木至声。""梏,手械也。从木告声。"古代为防止犯人逃跑,往往加以"三木",使之行动不便,无可逃逸。较有说服力的是《上海博物馆藏战国楚竹书(二)·容成氏》简 44 "[于]是虐(乎)复(作)为九城(成)之鑾(台),视(真)盂庚(炭)亓下,加𦥑(圜)木于亓上,思民道之,能述(遂)者述(遂),不能述(遂)者,内(坠)而死,不从命者,从而桎𦥑(梏)之。"便是"桎梏"连用。"三木"也较多见,如司马迁《报任安书》:"魏其,大将也,衣赭衣,关三木"。

再来看本简 144 内容,"……小人取怆之刀以解小人之桎梏,小人逃至州市,州人将𢿎(捕)小人,小人信以刀自戗(傷),州人安以小人告。"简文谓黄钦这位"小人"自诉罪状,过程清楚,等待裁判。

以上所论,不妥之处,恳请方家指正!

(原载于《古籍研究》2009 卷·上下,总第 53 期,安徽大学出版社,2010 年)

---

① 何琳仪:《战国文字通论》(订补),南京:江苏教育出版社,2003 年,第 212 页。
② 刘乐贤:《古玺文字考释(十则)》,《古文字研究》第二十一辑,北京:中华书局,2001 年。

上博简《缁衣》"於幾義之"字句新解

传世文献与出土文献相互校勘，可以裨补版本在流传中一些内容上的缺失与不足，使得版本臻于完善。但是由于抄写者的各个方面存在着明显的不同，所以，不少版本通过相互比较，可以发现还多多少少地存在着一些问题，这些问题着实让人困惑。然而，只要我们立足于版本文本自身的一些书写上的特点，并考虑到书写的大环境、大背景，有的困惑不是不可以解决的。因而，其重大意义也自然毋庸置疑。

1998年，文物出版社出版的《郭店楚墓竹简》，它是1993年在湖北荆门郭店出土的，其中有一篇是《缁衣》，可与传世本《礼记·缁衣第三十三》进行对读，两个版本在诸多层面所存在的差异通过比照便能发现。无独有偶，2001年，马承源先生主编的《上海博物馆藏战国楚竹书》(一)，由上海古籍出版社出版，终于与大家见面，十分巧合的是，内中也有一篇《缁衣》! 这样，关于《缁衣》这篇儒家经籍，就有三种不同的版本：《郭店·缁衣》《上博·缁衣》与传世《缁衣》(传世的版本当然因为种种情况也有千差万别，这里都笼统称之为传世本)。对于这三种版本优劣、长短，原考释者陈佩芬先生在《上海博物馆藏战国楚竹书》(一)的《说明》中也曾加以阐述(参见该书第171—173页)，尽管有众多学者对之考释、阐发、申论，可是，终究仍有一些问题值得进一步讨论。本文便是就其中一个短语"於幾義之"，从文字学的角度进行释读，不妥之处，敬请指教！

马承源先生主编的《上海博物馆藏战国楚竹书》(一)①,其中第二篇《缁衣》简17有这样一个短语"於幾義之",原考释者陈佩芬先生谓:"於幾義之此句郭店简作'于偈迊敬止'。今本作'于缉熙敬之'。"②对几种版本这几个字的具体使用情况,陈先生未著一字。迄今为止,据笔者所知,有这样几位先生曾加探讨。

黄德宽、徐在国先生云:"义"当读为"熙"。熙、戏二字古通。如《战国策·齐策一》:"鄙臣不敢以死为戏。"《淮南子》"戏"作"熙"。戏、羲二字古通。如《史记·太史公自序》"伏羲至纯厚";《汉书·司马迁传》"伏羲"作"虙戏";《荀子·成相》"文武之道同伏戏",杨注"戏与羲同",而"羲"字又从"义"声。因此"义"可读为"熙",今本《缁衣》正作"于缉熙敬止"。③诚然,二位业师对这三种版本的异文即"义"与"熙"的使用情况做了详尽的阐释,实为不刊之论。可是,对于三种版本都应有的"敬"字,二位业师惜未论及。

裘锡圭先生注意到这几个异文的异样写法,裘先生谓:上博简17"于囗义之",郭店简34及今本皆作"于缉熙敬之"。如果把上博简17的"义"字跟郭34的"敬"字对照一下,就可以发现二者的字形很相似,前者应是对写法跟后者相类的"敬"字的误摹。"义"上一字,《上博》释"几",但其下部与"几"写法不合,疑亦误摹之字,或许竟是误摹与"缉熙"相当之两字为一字,待考。"义"下的"之"写得像斜置的"止"字,也未尝不可以看作误摹。④

---

① 马承源主编:《上海博物馆藏战国楚竹书》(一),上海:上海古籍出版社,2001年。
② 同上。
③ 黄德宽、徐在国:《〈上海博物馆藏战国楚竹书(一)缁衣·性情论〉释文补正》,《古籍整理研究学刊》2002年3月第2期;又,黄德宽、何琳仪、徐在国:《新出楚简文字考》,合肥:安徽大学出版社,2007年,第109页。
④ 裘锡圭:《谈谈上博简和郭店简中的错别字》,《新出楚简与儒家思想国际学术研讨会论文集》,清华大学思想文化研究所,2002年,第16页。

黄人二先生也察觉到同样意思的文句却使用了不同的文字和文字数，并且特别是对字数的多寡上提出了一字两读的解决途径，黄先生认为："上博简作'几'字，相当于郭店简之'偯（缉）逗'、今本之'缉熙'，古有一字读两音者，鄙于研究郭店简《穷达以时》相关文字中颇论及，此不赘述。上博简'乂'字疑为'敬'字之误写，裘锡圭已有说；'之'则读为'止'，古音近可通。"①

通过一再审视、揣度，我觉得裘先生、黄人二先生的说法有一定道理，相加起来，也差不多解决了不少问题，对人有不小的启发，但是，我觉得还没有最终解决问题，也终难令人尽信。我们仍从字形着眼，拟提出另外一种解决办法。

三个版本，逐字比对，正如裘先生所说，"郭店简34及今本皆作'于缉熙敬之'"，对应极为严格，不必多论。唯上博简似乎少了一字。对这"似乎少了一字"，黄人二先生提出一个方法，即"上博简作'几'字，相当于郭店简之'偯（缉）逗'、今本之'缉熙'，古有一字读两音者"，黄先生谓在他处对之"颇论及"，这是目前看来比较好的解决办法。

其实，裘先生已然触及问题的要害了，即"或许竟是误摹与'缉熙'相当之两字为一字"，因为只是一种猜测，后又加"待考"，很遗憾，裘先生又绕过去了。但是裘先生的洞察力还是十分敏锐的。如果讲"几"字（在竹简"乂"字上边，先写）像裘先生所说，属于"误摹"，那么跟它紧挨的下一个字还是"误摹"，这就不大可能。因为一之已甚，岂可再乎？

我们来看，"乂"字原篆作 ![字形], 裘先生在上文里非常中肯地指出"如果把上博简17的'乂'字跟郭34的'敬'字对照一下，就可以发现二者的字形很相似"，不过，我们查检上博简《缁衣》篇中的5个"乂"字，它们的写法几乎相同，这恐怕不会都是"前者应是对写法跟后者相类的'敬'字的误

---

① 黄人二：《〈上海博物馆藏战国楚竹书〉（一）研究》，武汉大学博士学位论文，2002年，第146页。

摹"（黄人二先生赞同裘先生的说法），从通篇来看，该篇书手的水平应该很高，不至于犯如此低级的错误。虽然我们也承认在典籍的传抄与刊刻中夺、衍、倒、误等现象在所难免，然而，比较原始的文本其可信度毕竟还是很高的。如裘先生所揭示，既然"义"字与"敬"字这般相似，应当是有其原因的。我们以为，这里的"义"应该而且可以"一形二用"（或"一字二用"）。大家知道，"义"与"敬"大多数的写法上部皆从"羊"（不过也有极个别上部不从"羊"的，如《郭店·五行》简22"不远不敬"之"敬"作"𢼜"），①所不同者乃在下部有截然相异的写法。"敬"字左下一般是从"句"形部件，右下大多数情况下从"攴"，有时候也从"又"，而同时我们也知道，古文字中从"攴"（或从"又"《孔子诗论》简15及《缁衣》简12之"敬"等皆从"又"）往往又与从"戈"可互作，如"救""割""寇"等。可参刘信芳先生文《关于上博藏楚简的几点讨论意见》。②所以，此字从形体上看似"敬"字，但实际上是"义"字，也就是"一形二用"。这又使我们想到早在十多年前吴振武先生就曾指出，古文字中有一种将两个字糅合在一个字形中的现象。③吴先生的匠心之论对我有很大触发。可以这样说，此字应是糅合了"义"与"敬"于一个"义"字之中。

或者，我们还可以把这个以"义"字面目出现的字形当作"义""敬"二字的合文来看待了，这种形体相似而没有合文标志的合文，在楚系简帛文字的使用实践中时有发现，如《包山楚简》十的"一夫"合文作"𠀋"；《包山楚简》一四九、一五三"一邑"合文作"𨞺"；《包山楚简》二七〇"之首"

---

① 荆门市博物馆编：《郭店楚墓竹简》，北京：文物出版社，1998年。
② 刘信芳：《关于上博藏楚简的几点讨论意见》："古文字从攴与从戈有互作之例，如郭店简《成之闻之》10'不求诸其本而攻诸其末'，马王堆汉墓帛书《春秋事语》71行'公使人攻隐公'，其'攻'皆从'戈'作。另包山简34从戈吾声之字，简39从攴作；包135反从戈童声之字，简133从攴作；郭店简《语丛》从戈豆声之字，《五行》31从攴作。"廖名春编：《新出楚简与儒家思想国际学术研讨会论文集》，清华大学思想文化研究所，2002年，第37页。
③ 吴振武：《战国文字中一种值得注意的构形方式》，《姜亮夫、蒋礼鸿、郭在贻先生纪念文集》，上海：上海教育出版社，2003年。

合文作"㲺";①《郭店楚墓竹简·尊德义》三三"少人"作"𡥀"……俱未加注合文标志,例不备举。"乂"可读为"熙"(二位业师已在前面考释其通用关系,此不赘),"敬"读如字。我们的这种释法,好像是无中生有,但是这个字形在这个语境下似乎也只有这样释读才可通畅。而这种近似"偷懒"的做法,殷商先民早已在甲骨文中首发其端,裘先生首发其覆(参见裘先生《古文字论集》中《甲骨文中重文和合文重复偏旁的省略》及《再谈甲骨文中重文的省略》,第141-150页)。②这样,与黄人二先生的说法就有所区别,图示如下:

黄人二先生"几" ⟨ 俚(缉) / 迟、熙 ⟩ (一字两读);

笔者"乂" ⟨ 乂 / 敬 ⟩ (一形二用)

黄人二先生用的是训诂之法,我们用的是文字之法,二者有异。如此,在文字数量上、在文句意义上三种版本的对应关系非常明显,并且十分密合而不致难以理解。

(原载于《古典文献学术论丛》,第1辑,王政、周有斌主编,黄山书社,2010年)

---

① 湖北省荆沙铁路考古队编:《包山楚简》,北京:文物出版社,1991年。
② 裘锡圭:《古文字论集》,北京:中华书局,1992年,第147-150页。

探索中华文明的独特视角

——读黄德宽教授的《开启中华文明的管钥》

中华文明源远流长，先人们创造的物质和精神文化遗产以各种形态留存下来，泽被后代，远播寰宇，而最能体现中华文明久远性、持续性和生命力的就是汉字。可以说，汉字是中华文明最典型的表征，是中华民族创造的最伟大的精神遗产，因此，汉字研究一直是中华文明史研究的重要领域和重大课题。

汉字的产生、发展、演变走过了一条漫漫长路，研究汉字的中国文字学的诞生、成长、壮大也是如此。从早期"皿虫为蛊""止戈为武"的文字构形分析，到"六书"概念的出现，再到许慎《说文解字》的面世以及此后一系列字书的诞生，文字学研究经历了起步和成长的漫长过程。然而，中国传统文字学由于其历史原因，始终未能摆脱附庸"经学"的地位。

直到19世纪末期，这种状况才得到改观。甲骨文的发现，推动了金文研究的进步，20世纪70年代之后，战国文字研究又得到全面发展。这些研究促成中国传统文字学发生重大变化，这主要表现在：一是重新认识了汉字的形体和结构，二是更加丰富了对汉字历史发展阶段的认识。同时，晚清西学东渐不仅影响了中国的自然科学，也影响着中国的人文科学。传统学术研究者开始接受了西方学术的概念体系，试图对中国的传统学术进行现代构建，以形成立足于中国传统学术的现代学科体系，出现了不少把传统小学中文字、音韵、训诂融于一体的文字学教材和著作，而现代学者则开始大量编定新的文字学教材。

近几十年来，真正在传统基础上开展了文字学的科学研究并取得了重大进展，这主要体现在以下领域：一是汉字形成问题研究，如半坡陶文、大汶口文化刻画符号直接引发有关汉字起源问题的探讨；二是汉字构形理论研究，学者利用古文字资料，更加全面系统地反思汉字构造的一些规则和原理，深入开展了若干专题研究；三是汉字发展史研究，许多学者致力于这方面的研究，并取得了一定成就。

黄德宽教授是长期从事文字学与古文字研究的学者，他致力于汉字理论的研究，出版多种重要著作，如：2006年修订完成的《汉语文字学史》对中国文字学的历史进行了全面的总结研究，使人对整个汉字发展史一目了然；《汉字理论丛稿》探讨了汉字构形方式、汉字发展、汉字与中国传统文化关系、古文字考释、现代汉字及语文政策等方方面面，在汉字研究一系列理论问题上提出新见；2007年主编的《古文字谱系疏证》在建立汉字发展沿革谱系，分析汉字分化孳乳方面进行了较为全面而深入的探讨。其间，黄德宽教授还合著《新出楚简文字考》，对一些出土楚文字资料中的疑难字加以考释，诸多真知灼见，已广为学界认同。新近由北京师范大学出版社出版的《开启中华文明的管钥——汉字的释读与探索》（以下简称《开启》），是黄德宽教授的又一力作，展现了著者探索汉字与中华文明的独特视角和学术贡献。

汉字是世界上唯一的来源古老且持续使用的文字体系，又是记录和传承中华文明的最重要载体，内涵博大精深，不仅关乎对中华民族文明历史的认识，而且关乎中华文明的未来发展，因此说，没有对汉字深入的研究，就不可能真正认识和理解古老的中华文明。《开启》分"构形·演进""考辨·阐释""规范·研究"上、中、下三篇，探讨了汉字的构造、形体发展演变、古文字的考释、汉字的文化阐释、汉字的规范以及汉字研究方法和学术史等一系列相关问题。作者以广阔的学术视野和科学的研究方法，重新审视和探索了汉语言文字学研究许多关键性问题，在文字学这个传统学术领域取得了一批具有重要影响的原创性成果。

一、汉字理论研究的建树和创新

著者对汉字的构形方式进行了全面的考察和历时研究，揭示汉字构形方式是一个历时态演进的系统，不同构形方式的构形功能在历史发展过程中不断调整变化，构形方式系统内部各个构形方式此消彼长，并非处在同一历史层次。在此基础上，指出了历代汉字构造学说所存在的根本性问题，即将不同时代产生的汉字进行静态的类型性概括，无法客观认识汉字构形方式的历史演进以及汉字不同构形方式实际构字功能的发展变化。这项研究成果既吸收了传统汉字构造理论的精髓，也分析了其根本局限，为重构科学的汉字构造理论体系奠定了基础。

在深入考察分析汉字最基本的构造方式——形声结构的产生及其在古汉字阶段动态发展的基础上，论述了形声结构的类型、形符和声符的功能、组合关系和特点、性质等主要问题；通过对汉字构形的发展和实际使用关系的考察，进而发现了上古时期汉字使用中普遍存在的"同声通假"现象，正是形声结构快速发展时期大量形声字尚未定型（"专字专用"）的反映。汉字体系经过发展优化，形声字逐步达到90%，形声字的研究理应是汉字构造研究最重要、最基础的课题，但长期以来却没能得到应有的重视。作者关于形声结构的专题研究，弥补了这个遗憾。尤其是本项研究以出土的一手原始材料为依据，运用动态的汉字构形分析理论和方法，得到的结论坚实可信。

从传统文字学理论中发掘出积极要素并发扬光大，提出和阐述了"汉字的文化阐释"这一富有深刻内涵的文字学理论问题。作者深入研究了东汉许慎《说文解字》的汉字阐释实践，从理论上论述了传统文化对汉字阐释的影响，并分析了汉字构形功能确定、形义关系分析以及汉字发展演进历史过程中文化要素的层累和叠加现象，深入分析了汉字阐释过程中文化传统对阐释者的影响和阐释者对文化要素的抉择等问题，总结出汉字文化阐释的模式和应该坚守的原则。这项研究立足传统而创新发展，将对汉字构形的分析和研究从本体延伸到阐释者和文化传统的影响，拓展了汉字研究的领域，是汉字研究理论和方法一个具有重要意义的突破。

在开展基础研究的同时，作者注意以基础研究的成果服务当代语文生活，开展相关应用研究。结合现实汉字使用的实际，研究汉字规范和语文政策的制定，提出以世界视野，从全球华人汉字使用的实际，反思我国语言文字政策的制定和调整问题。作者认为，"繁简二元并存"是汉字运用的实际情况，我国汉字规范的研究要正视和适应这种状况，为逐步缩小这种分歧创造条件。从汉字研究的历史和现状出发，对汉字研究的发展趋势和走向、应该加强的领域，作者也都发表了许多新的意见。这些研究体现了作者贯通古今，理论研究服务于现实需要的追求。

从上述介绍可以看出，《开启》一书的理论内涵非常丰富，作者的研究贯通古今汉字，尤其重视弘扬传统文字学的学术精华，充分利用新出地下文字资料，努力进行文字学理论和方法的创新，这些构成了本书鲜明的学术特色，也显示出该书的重要学术价值。这些研究成果引起了学术界的高度重视，李万福先生在《汉文字学新论》中评价："黄德宽提出把造字系统的历时运动作为划分汉文字体系发展阶段的主要根据，并在广泛统计的基础上加以分析论证，给汉字史分期吹来了春风。""黄德宽采取了新的视角，利用了新的研究方法，从而得出了如下令人耳目一新的结论。""黄德宽的观点是汉字史分期方法研究的一次飞跃"，"给后来的汉字史分期以深刻启示，并奠定了一定的理论基础"。①

二、文字学"三个结合"的研究方法与实践

《开启》一书在理论和方法上的创新十分突出，如提出汉字动态分析的理论和方法；总结和实践了"三个结合"的汉字研究方法；探索了汉字文化

---

① 李万福：《汉文字学新论》，重庆：重庆出版社，2001年，第118-125页。

阐释的理论和方法等。下面我们对作者"三个结合"的汉字研究方法略做介绍。

（一）传统与现代的结合的方法

黄德宽教授认为：当代学者研究中国文字如果仅仅停留在继承传统学术的层面，那是不可能取得大的成绩的；如果过于迷信西方学术，那就会脱离汉语言文字的实际，也难以真正获得学术上的创新。只有既重视学术传统，继承和发扬传统学术的精华，又从西方现代学术中吸取营养，将二者结合好才能带来古老的文字学的不断创新。正是这种结合使得今天文字学各方面的研究得到长足的发展，如今文字学能够形成一门系统的学科，是这两个结合带来的积极成果。从唐兰的《古文字学导论》《中国文字学》到裘锡圭的《文字学概要》，从何琳仪的《战国文字通论》（订补）到新出的《开启》等都是这样。把传统学术的发扬与现代学术的创新结合起来，既可以吸收传统的优秀成果，又能用科学发展的观点与方法纠正或补足历史上许多不能解决的问题。如收入《开启》一书中的《卜辞所见"中"字本义试说》一文，即体现了黄德宽教授的这个结合。黄德宽教授首先列举了"中"字的各种形体，并对它们进行分析，再运用辞例归纳排比，综合论证，力排众议，颇有说服力地得出"'中'可能不是'旂旗之类'，而是我国古代测风工具的象形字。"最后，黄德宽教授又从古籍中考察了我国古代关于测风器的记载，以此来佐证考释，可以说是"传统学术的发扬与现代学术的创新相结合"的典型范例。

（二）地下出土材料与传世文献结合的方法

面对众多出土材料与传世材料，如何运用？这涉及文字学研究材料的应用问题。早在1925年，王国维就提出："吾辈生于今日，幸于纸上之材料外，更得地下之新材料。由此种材料，我辈固得据以补正纸上之材料，亦得证明古书之某部分全为实录，即百家不雅训之言亦不无表示一面之事实。此二重证据法惟在今日始得为之。"①王氏这种"纸上之材料"与"地下之新材料"相互印证的"二重证据法",对20世纪中国学术研究产生了巨大影响,王氏本人亦因此成为一代国学大师。黄德宽教授在此重申"地下出土古文字材料与传世文献文字材料的运用相结合"同样意义重大。他指出:"将传世的历代文字资料与地下新发现的文字资料结合起来研究,就可以澄清汉字研究的许多悬而未决的问题,揭示汉字构造和发展演变的基本规律,更准确科学地认识汉字。"如"弃"字释义,按照一般人的理解,都是依从许慎的说解,为"捐也"。黄德宽教授以为:"'弃'之篆、籀、甲骨文字形无疑都可以理解为以双手持箕中新生儿;然而这种构形却具有明显的多义性,除可以理解为'捐弃'外,或许还可以理解为'安置'或其他。历来说者俱从'捐弃'义出发来阐释其字形的功能,但'弃'字的构形所内含的原初意义很可能不是'捐弃'。"然后黄德宽教授又从民俗学的角度入手,谓"'弃'的早期构形所反映的,很可能是一种古老的民俗——试子之俗"。②

(三)个体汉字考释与汉字体系理论探索结合的方法

黄德宽教授从20世纪80年代初期就开始研习古文字,并将自己定位于古代语言文字研究领域,三十多年来全身心地投入进来。每当新文字材料公布,如近些年连续出版的《上海博物馆藏战国楚竹书》等,这些新出土资料一经刊布就立即引起高度关注,大批新的研究考释文章很快会涌现。黄德宽教授一直跟踪学术前沿,对新出材料中的疑难字考释提出新见,纠正错释,如《楚简〈周易〉"杳"字说》就是其中一例。黄教授将"杳"字层层分析,援引比较文字学的旁证材料,证实了地下出土的楚简《周易》"杳"字可能是"杳"字异文,是用涂黑而造出的一个异体字。像这类个体汉字的考释,本书收录了六篇,充分显示了著者深厚的学术功力。

---

① 王国维:《古史新证——王国维最后的讲义》,北京:清华大学出版社,1994年,第2页。
② 黄德宽:《开启中华文明的管钥——汉字的释读与探索》,北京:北京师范大学出版社,2011年,第272-273页。

"六书"研究已成一条巨流,但是"长期以来,文字学研究偏重汉字个体结构的分析,将不同历史阶段产生的汉字置于同一历史平面作类型性概括,而较少重视对构形方式及其历时发展的探讨,故而在汉字构形理论的研究方面,得出许多似是而非的结论。这些结论不仅关系到文字学理论建设,而且也直接影响对汉字发展的估价、语文政策的制定和汉字的教学"①。黄德宽教授的研究发现,事实上,"汉字构形方式是一个随着汉字体系的发展而发展的动态演进的系统。在汉字发展的不同历史层面,构形方式系统也有着相应的发展和调整。这种发展反映在汉字体系中,即是不同结构类型的汉字分布情况的消长变化"②。"六书"中形声字的研究者与研究之作很多,此前,虽说不少学者对形声字分析得非常细致,但从来都是静态的、个别的论说形声结构关系、特点和性质,《开启》所收《形声结构的动态分析》一文,全面、系统、深入地揭示了汉字构形的主体——形声结构的发展演变实质。

当然,最能集中体现这种结合的是黄德宽教授领衔完成的《古文字谱系疏证》,该书既有单个汉字的疏证又有众多汉字源流的探索,其将一个个汉字谱系的梳理与全体汉字谱系的构建紧密结合,构成整个古文字谱系,体大思精,意义深远。

中国传统文字学的研究重个体轻总体,重个别轻全局,往往在个别字的考证上下的功夫深,而在理论上、宏观上研究的人较少,更少有人能做出重大理论贡献并进而深入到文字学科学体系的建构层次。黄德宽教授认为理论的探索关系文字学学科发展和研究水准的提高,必须有人花大力气来做,于是身体力行地致力于汉字理论体系的探索与构建。

《开启》全书内容繁丰,特别是文字学"三个结合"的研究方法,既有理论的深度与高度,又有历史的角度与纬度。

---

① 黄德宽:《开启中华文明的管钥——汉字的释读与探索》,北京:北京师范大学出版社,2011年,第3-4页。
② 黄德宽:《开启中华文明的管钥——汉字的释读与探索》,北京:北京师范大学出版社,2011年,第3-4页。

当今喧嚣的社会环境中,在许多人不愿做(因为理论研究难于短时间内奏效)、不能做(由于理论研究难度极大)的情况下,黄德宽教授能够甘于寂寞,著成《开启》这样的著作,需要何等精神!因此,该书当是有志于文字学和文明史研究的学者必须一读的好书。

(原载于《安徽史学》,2012年第6期)

释上博简《孔子诗论》中的"惥"

马承源主编《上海博物馆藏战国楚竹书（一）·孔子诗论》第 8 简简文谓："《少（小）旻（旻）》多惥=，言不中志者也"，马承源先生考释道："惥，读为'疑'，有重文符，增语气词'矣'。《诗·小雅·节南山之什》第五篇《小旻》，内容也是怨愤国家乱象的，'谋夫孔多，是用不集，发言盈庭，谁敢执其咎'，孔子评之为'言不中志'。"①其他考释者还有很多②。

我们认为，原考释者马承源先生及李零先生（《上博楚简校读记》18 页）皆以为"疑="是重文，不甚恰切；认为是增语气词"矣"，稍欠妥帖。我们的看法是，该字下的两小短横"="是合文符，而不是重文符，这样，该合文可释为"疑心"二字。如在上博简中分布得较普遍也最具代表性的例子就是"孔子"合文，"子"作为上一字"孔"的一个构件，又是独立的下一字；第6 简的"昊天"合文也如此，而我们只能读之为"昊天"却不能读为"昊日"，道理同样，例不多举。重文与合文区别很大，从字形和文义便可甄别，此不

---

① 马承源主编：《上海博物馆藏战国楚竹书（一）·孔子诗论》，上海：上海古籍出版社，2001 年，第 136 页。其他所引上博楚简之文俱见该系列丛书，出处不再一一标注。
② 刘信芳：《孔子诗论述学》，合肥：安徽大学出版社，2003 年，第 154 页；晁福林：《从王权观念变化看上博简〈诗论〉的作者及时代》，《中国社会科学》2002 年第 6 期，第 190-200 页；廖名春：《上海博物馆藏〈诗论〉简校释札记》，《上海博物馆藏战国楚竹书研究》，上海：上海书店出版社，2002 年，第 262 页；周凤五：《〈孔子诗论〉新释文及注解》，《上海博物馆藏战国楚竹书研究》，上海：上海古籍出版社，2002 年，第 158-159 页；汪维辉：《上博楚简〈孔子诗论〉释读管见》，简帛网站（http://www.bsm.org.cn/，发布时间：2002 年 6 月 17 日，引用时间：2009 年 8 月）对此释亦有不同看法，其所考释与本人观点略似，不敢掠美，今在此提及。

烦述。还有，从句式上讲，"疑心"比"疑矣"更切合文句。孔子在这支简中，一连使用三个"也"字加重判断的语气，对几首诗微言大义，这几个句子在中间都没有语气词，当然也不大可能在其中插入一个语气词。"疑心"一词典籍亦有。

综上所述，我们将此合文释为"疑心"，因为战国楚系简帛文字与"心"有关的一些字，在与"心"字组成词语连用时，往往会以合文的形式出现，如"志"（郭店简《语》一52）为"志心"合文；"关"（上博简一《缁》13）为"关心"合文①；"怠"（上博简四《曹》45）为"怠心"合文；"愳"（上博简五《季》21，即所谓的"愳"字）；"忠"（上博简六《孔子见季桓子》3）为"中心"合文；"悬"（上博简六《孔子见季桓子》4）为"悬心"合文等。所以，此字的考释应该是比较有说服力的。

（原载于《古典文献学术论丛》第1辑，王政、周有斌主编，黄山书社，2010年）

---

① 沈培："……上引所谓'合文'当然也可能读为'关心'，但比较同一条简上'不怀（倍）'的写法，恐怕还是释为'关心'比较好。它们下面都有'='符，可以叫作'部分重文符'。"《上博简〈缁衣〉篇"关"字解》，廖名春编《新出楚简与儒家思想国际学术研讨会论文集》，清华大学思想文化研究所，2002年，第210-214页。

战国楚系文字中合文运用特点探讨

在字用里面，我们有必要谈一下合文运用，因为战国楚系文字中，合文的运用在这个时间段里、在种种载体中，呈现出新的面貌，体现出新的特点，并且对合文综合考察有着很大的意义和价值。

合文这种在古文字中持续上千年、使用很普遍的书写现象是任何一位研究古文字者都绕不开也不能忽视的一个方面。许多学者在著述中都有涉及该问题，或有专文讨论，如吴振武先生《古玺合文考》(十八篇)[①]及《古文字中的借笔字》[②]；曹锦炎先生《甲骨文合文研究》[③]及《甲骨文合文新释》[④]；刘钊先生《古文字中的合文、借笔、借字》[⑤]；杨五铭先生《两周金文数位合文初探》[⑥]。或是稍稍带过，概莫能外。缘由于此，我们拟在此略微谈论，

本文为2011—2012年度安徽省哲学社会科学规划项目《楚系简帛文字字用研究》项目（AHSK11—12D282）阶段性成果。

① 吴振武：《古玺合文考（十八篇）》，《古文字研究》第十七辑，北京：中华书局，1989年。
② 吴振武：《古文字中的借笔字》，《古文字研究》第二十辑，北京：中华书局，2000年。
③ 曹锦炎：《甲骨文合文研究》，《古文字研究》第十九辑，北京：中华书局，1992年。
④ 曹锦炎：《甲骨文合文新释》，《古文字研究》第二十四辑，北京：中华书局，2002年。
⑤ 刘钊：《古文字中的合文、借笔、借字》，《古文字研究》第二十一辑，北京：中华书局，2001年。
⑥ 杨五铭：《两周金文数字合文初探》，《古文字研究》第五辑，北京：中华书局，1981年。

限于篇幅，不可能全面展开（如"合文"概念①、合文产生原因、合文分类、合文研究状况等）仅从战国楚系文字合文运用特点方面来进行探讨。

战国楚系文字合文特点主要有以下几个方面。

一、组合多样

合文在古文字中使用非常广泛，遍布诸多领域，从典籍到一般的卜筮、祭祷记录，甚至是遣策，无所不包；时间持久，从殷商甲骨文到西周春秋金文，再到战国文字，特别是在楚系文字中发展到巅峰，其组合模式也不再像以前古文字的合文构成那样单调，而是呈现出组合多元化的格局。具体来说，有以下几种：

（一）上下迭加

合文以"上下迭加"这种方式来组合而成，最为多见，究其原因，应是与古人书写习惯为直书左行有极大关系。自商代中晚期与西周金文开始，这种行款模式已经占据主导地位，至于战国时期，此种书写模式愈加成熟，加之楚系简帛文字介质的主要形式为简帛等，尤其是竹简，这种载体几乎使横书下行成为不可能，甚至使得不少文字由左右结构而被改成上下结构。当然，楚系文字中合文"上下迭加"，也仍然是从甲骨文始就已大量出现的、因袭而来的一种主要构形方式。据我们统计，依据各家考释及众多学者的研究成果，在战国文字中，我们共得不重复的合文 217 个（材料来源有：汤余惠、徐在国先生等编著的《战国文字编》②《楚编》《滕编》《新蔡简》《古币文编》《侯

---

① 关于"合文"概念，似乎言人人殊，除曹先生、刘先生、杨先生等文中都有对"合文"下定义外，还有以下几处也对"合文"概念进行界定，如汤余惠《略论战国文字形体研究中的几个问题》(《古文字研究》第十五辑，北京：中华书局，1986 年）；张亚初《古文字分类考释论稿》(《古文字研究》第十七辑，北京：中华书局，1989 年）；杨伯峻、何乐士先生《古汉语语法及其发展》(北京：语文出版社，1992 年，第 1 页）。

② 汤馀惠主编：《战国文字编》，福州：福建人民出版社，2001 年。

马盟书》《睡虎地秦简》《上博简》(一一七)等。另外,《上博简(五)·三》3 的"孙"为"孙子"合文,《信阳楚简》1—06 与《郭店楚墓竹简·老子》乙 16"孙"为"子孙"合文,及"旹""先""志"等,我们把它们当作两个,详下文),其中单是上下两个都可独立成字的就有 50 个(不计重复)之多,占三分之一还强,还不包括那些上下相合成字者,如《上博简(四)·曹》11 的"酓"字,为"饮酒"二字的合文。这种上下迭加的合文有:🗛(《包山简》269 等)、🗛(貪《包山》7 等)、🗛(《郭店楚墓竹简·忠》3、5、6、7)、🗛(《上博简(二)·从》甲 17)、🗛(《信阳楚简》2—08)。

(二)左右合成

"左右合成"这种组合方式在合文形成之中比第一种组合模式相对要少得多,而左右皆为一个独立成字者则近乎屈指可数,如在《新蔡简》"夫人"作"夫="(甲三:176;零:387)、"夫="(甲三:213;乙一:6;乙一:11;乙一:13;乙一:27)、"🗛"(《郭店楚墓竹简·五》33)、🗛(俱见《天策》,《楚编》第 873 页)、"寺人"作"侍"(《上博简》(二)·《昔》2)。推究这种合文构形较少的原因在于书写空间的逼仄与下行左书的习惯使然。

(三)内外包含

这种合文写法颇具艺术性,当是书手匠心的表现。对于有些既是包围结构而又同时是固定词语的字形,书手便巧妙地利用这个特点,将一个字写在另一个字里面,使之内外相含。可再分为:

1. 半面包围

这种合文的构成实质上是"上下迭加"的变体,其为上边的一些笔画变形,把另外一个字全部罩在自己的"翼下",如🗛(《包》132)"视日"二字的"日"字被放在"视(见)"字下边;🗛(《包》145)"宜犬"二字在合书时,"犬"字被安置在"宜"的"宀"下,形成以上罩下的格局(《楚编》,第 876 页"窜身"二字的合文也是如此)。

2. 三面包围

这种包围结构的合文，其组合是这样的：一个文字将另一个文字全部包括在自己的形体之中，使整个合文看起来更像是一个字形。如《上博简》（二）《昔》2 的"閤"字，里面的"合"字被三面包围在"门"字中间。

（四）子借母形

在楚系文字中，有相当多的合文是采用这样的方式构合而成的：组成合文的偏旁（或文字）就隐含在合文形体之中，分书文字的每一构件都可以在合文中分析出来。我们把分别书写的文字叫作"子"，把合文叫作"母"，将合文与分别书写的文字的组合关系称作"子借母形"——"一母二子"。偏旁多的字包括偏旁少（或一个偏旁）的字，或者说组成合文的两个字，笔画少的那个字是笔画多的那个字的一部分，这样的例子非常之多，如 ![字] （《上博简（三）·中》1 等）、![字] <《上博简》（二）《从》甲> ![字] （《天策》，《楚编》页 877）。曹锦炎先生说："此形式为借字合文，楚简中例子甚多。"（《上博简》（七）释文考释，页 233）

二、多加标志

我们认为，一种文字能够有意识地借助于一些非文字的符号，使文字符号得以更为清晰、顺畅、有效地完成交流思想、传播文明、传承文化的任务，这当是这种文字走向相当成熟的标志。古文字中的合文加上"="（或"-"），作为合文等标记，乃是文字在使用中相当成熟的表现之一，是一种完美的形式，如 ![字]（《包》144）既标有合文标志，又添加重文符号，足可说明这点。

在楚系文字中，绝大多数合文是加有"="（也有少部分是加"-"）标志。按照我们统计的结果（材料同上），在 149 个不重复的合文中，缀加"="（或"-"）的约有 139 个，占总数的 93.28%（包括那些或加或不加"="，我们也把它算作缀加标志），这个比例不是个小数字，它大可说明，加有合文标志是大势所趋。这种例子俯拾即是，如陈佩芬先生考释道："'怀'字下有合文符，为'不怀'两字合书。今本作'不倍'。"(《上博简》(一)《缁》13，页189）

当然也有较少一部分压根就没有缀加任何标记，如"少韦"合文作𫝀，也作𫝀（俱见《天策》,《楚编》页873），上举《郭店楚墓竹简·忠》3、5、6、7的"君子"合文亦如此，这些没有合文标记的合文只能倚靠文句语义与字形来做出判别了。

不过我们还是"要特别加以注意的是使用频率颇高的二短横。二短横有时是重文符号，有时是合文符号，有时甚至是羡画，如不细心辨析，就很容易漏读或误读"。①

孙伟龙、李守奎先生在《上博简标识符号五题》也如是说："在古文字中，同一形体的标识符号往往功能并不相同，例如'='是常见的重文符号、合文符号，但有时还有校勘增补、专名标识等不同的功能。"②

该文还论及几种符号的特点及其区别，可以参阅。

所以，不少时候我们的确要留心有些加上"="的并不一定就是合文符号。《上博简》(三)《中》8的"慈"字右下的"="似乎不是重文或合文符，其句为"中弓曰：若夫老=慈=幼，既昏命壴（矣）"根本不是重文符，是因上联类而及的书写错误。其"老"字右下的"="倒是重文符号，四字一句，非常通畅。因为比照同篇简7即作"老=（老老）慈幼，先又司。"原释文以为是重文，并且括注出来，似乎不妥。

顺便说一句，《三德》第3简："齐=（齐齐）节=（节节），外内有彭（辨），男女有节，是胃（谓）天豊（礼）。敬=之=（敬之敬之），天命孔明。女（如）反之，必禺（遇）凶央（殃）。"此处都是四字句，唯第5句是三字句，我们认为这里可能脱落了一个重文符号，即"女"字应该为"女女"，前一个"女"

---

① 唐钰明：《战国文字数据释读三题》,《容庚先生百年诞辰纪念文集》，广州：广东人民出版社，1998年，第486页。
② 孙伟龙、李守奎：《上博简标识符号五题》,《简帛》第三辑，上海：上海古籍出版社，2008年，第183页。

字读为"汝",后一个"女"字读为"如"。

《上博简》(六)《竞公疟》简 2 中插入字体很小的"亡"字,濮茅左先生这样考释道:"'亡'字本脱漏,书者发现脱漏后,把'亡'字补于'虐(吾)'下空间,并在'亡'字下加合文符号'=',把书误巧补成'虐亡'的合文。"①

我们倒是觉得,此处的确是补写了一"亡"字,且在所补之字右下加有"=","="看起来也像是合文符号,但是谁跟谁合?与合文构成规则不相符合,把"="看作合文符号,十分牵强。我们认为,这个符号是提示人们,这里补了一个字,在识读与传抄时切勿再漏。

当然还有一些地方的"="有待进一步研究,如"除了重文和合书以外,铭文中还有一些字如辟、彝、与、朕、弃等,与通常的写法比较,字的下部多了两短横,我们从字形、字义、文例等各方面分析,看不出这两短横有什么特别的含义。"②

林素清先生曾对古文字中的合文现象、'='符号的意义与用法做了精辟的研究,参其《论先秦文字中的"="符》。③

唐友波先生谓:"'啻'字又见于九店 56 号墓简,从产、从首,加=号。原报告释文作'大首':'方、大首一'(简 3);'方三大首一'(简 5)。李零认为该字'似是一从产从首加重号的字',暂以'颜'字代之。李零对此字的分析是对的。但九店简及本铭三见皆有=号,结合上下文来看,此字似为一合文字,而且'方颜'连读,并'也许是方量'的认识,经本铭的验证,也不能成立。"④

---

① 马承源主编:《上海博物馆藏战国楚竹书(六)·竞公疟》,上海:上海古籍出版社,2006 年,第 166 页。
② 孙稚雏:《中山王𧊒鼎、壶的年代史实及其意义》,《古文字研究》第一辑,北京:中华书局,1979 年。
③ 林素清:《论先秦文字中的"="符》,《中央研究院历史语言研究所集刊》,第 56 本第 4 分,1985 年,第 801-826 页。
④ 唐友波:《"大市"量浅议》,《古文字研究》第二十二辑,北京:中华书局,2000 年。

唐先生的说法大体上不误，然对此字构形尚未阐明，今略做补充。该字释为"颜"至确。事实上，此字实是从"首""彦"省声，只不过是把声旁"彦"的一部分"彡"省去，这是古文字中常见的省简部分笔画，以腾出空间给其他部件（或文字）。而"首"与"页"在古文字中作为偏旁往往可以通用，[①]古文字的"首"可以换成"页"，而古文字中偏旁的位置常常变动不居，如此，这个字释为"颜"应无疑义。

三、高度省简

文字形体"高度省简"是战国文字的重要特征之一，一般文字如此，其中合文也是这样。

将文字合书有许多时候是一种习惯、是一种文化传统，战国文字中尤其是楚系简帛中众多合文的产生也正是对这一传统的继承。合文的形成原因之一是追求美观，如常见的"君子"二字，有一笔未省的，如🅐<《上博简》(三)《中》16正、20>，"君"字的"口"与"子"的上部既没省略，也没共用（"口"形部件），整个字形显得纵长，不甚耐看；也有作🅑[吾《上博简》(一)《孔》12]，尽管是将"君"的"口"与"子"的"上部"并列排放在一起，这样安排又嫌臃肿、拥挤；而作🅒<《上博简》(一)《缁》16>，固然结构匀称，但是，我们觉得更多的则是出于省简的考虑。

楚系文字中合文的省简可分三个方面：

（一）共用笔画

古文字中利用"共用笔画"这种方式来组成合文，由来已久，如甲骨文里"上甲"合文就是用"上"字的第二笔同时充作"甲"字的第一横。在楚系简帛中合文共用笔画数见不鲜，像🅐(《楚帛书》丙)，"至"字下边的两横又作"于"字的两横，二者共用这两横；🅑(《郭店楚墓竹简·穷》5、《郭店

[①] 高明：《中国古文字学通论》，北京：北京大学出版社，1996年，第132页。

楚墓竹简·唐》26），"七十"合文的"七"与"十"的"竖画"共用；常见的▨（《郭店楚墓竹简·太》5等），在"之所"合文中"之"的那横兼作"所"字的横画。其他还有"少人""上下""后之""先之"（或"先人"）。

（二）共用偏旁

这种合文的组合形式是：分书的两个字各有一部分偏旁由于形体相同或相近，更兼位置的特殊性，因势趁便，巧妙地组成合文。如出现频度很高的"君子"二字合书作▨（《郭店楚墓竹简·六》38），其形体将"君"的"口"与"子"的上部作同一个偏旁共用；又如"里社"二字合书为▨（《郭店楚墓竹简·六》22），①"里"旁中"土"既作"里"的下部偏旁，又作"社"的偏旁；"浅泽"合书作▨（《郭店楚墓竹简·性》22），两个字共用一个"氵"旁。

（三）共用字形

共用字形即是合文的分书的两个字（绝大多数是两个字），其中有一个字包含另一个字，而这个包括另一字的字则又是整个合文的形体，或加或不加合文符号。这种构形方式同样也是沿袭更早时期的文字的产物。如▨（《周▨匜》，《金文编》页855）、▨（《孟姜簋》，《金文编》页988）。在战国文字中这种构形方式也是非常之多的，如习见的"之岁"合文作▨，"之"是"岁"的构形的一部分，两个字就只以一个"岁"的面目出现；常见的"大夫"合文以"夫"字加"="的形式出现；多见的"孔子"合文以"孔"字形式出现；"昊天"<《上博简》（一）《孔》6>以"昊"字形式出现；《新蔡简》的"是日"合文以"是"字形体出现；《上博简》（五）《弟》1（二见）"季子"合文以"季"字的形体出现；还有"并立""清青""合门"。

有一点我们应当注意，即：非常巧妙的是，许多情况下，合文是一个成

---

① 承徐在国先生面告，此合文陈伟先生《郭店竹书〈六德〉"以奉社稷"补说》（简帛网站：http://www.bsm.org.cn/，发布时间：2006年2月26日；引用时间：2013年8月）释之为"社稷"二字合文，至确。

字的形体，分书的两个偏旁也是两个独立的字，由于文句不同，理解起来可作不同的解释，如上举的"孙"，既可作"子孙"，也可作"孙子"；"先"字既可作"先之"(《郭店楚墓竹简·尊》16)理解，这是取整个字形与字的上部，还可作"先人"<《上博简》(二)《从》甲 17;《新蔡简》甲三：14;《上博简》《从》甲 17;《上博简》(五)《季庚子问于孔子》12>理解，这则是取整个字形与字的下部；还有《上博简》(五)《三》18 的"旹"为"之时"合文，与他处常见的"之日"合文①同形；《郭店楚墓竹简·性》45、《六》33 的"之志"的合文作"志"，与《郭店楚墓竹简·语》52"志心"的合文作"志"同形。

"合文"总体上是一种省简方式，无论是哪种省简方式，其终极目的都是省简，或省简了文字所占的空间，或是因为少写了笔画或偏旁（或整个文字形体）而省简了应该占用的时间。

总之，合文的实质是一种省简，关于这个方面，黄德宽《汉字理论》课讲"省简"时有专题讨论，可以参阅。②

（原载于《古籍研究》总第 59 卷，安徽大学出版社，2013 年）

---

① 该合文源远流长，见于中国社会科学院考古研究所：《甲骨文编》2316 片，北京：中华书局，1965 年。
② 黄德宽先生所讲授的《汉字理论》认为合文的实质是一种省简。

战国文字字用中通用字概说

一、字用

　　字用，顾名思义，也就是文字的使用，它既指文字在书写实践中的具体运用，也指文字使用过程中所呈现出的种种现象及其蕴含的规律，还指文字在运用之后的积淀及其所表现的实际情况。文字自其诞生就是用来记录语言的，是记录语言的符号系统。文字在实际应用中由于种种原因会发生各种各样的变化，不管是字形还是字体都是如此。比如单是字体，便会产生千变万化。对其原因，启功先生这样分析道："简单说来，在下列条件下，各有不同的字体。即：（1）时代；（2）用途，如鼎彝、碑版、书册、信札等；（3）工具，如笔、刀等；（4）方法，如笔写、刀刻、范铸等；（5）写者、刻者；（6）地区。由于以上等等条件的不同，则字体亦即不同。而在同一条件下，如加入其他条件时，字体便又不同。"[①]字形与字体是两个不同的概念，字形是文字的外在形态，属于文字学的范畴；字体是文字符号在不同时期所呈现的外在体式，在汉字演变为一门独特的艺术之后，在书法学上等于书体，我们倾向于将之归属书法学范畴；字形涉及文字构造、笔画省简等，字体则关乎笔画曲直、长短、肥瘦等方面。当然它们在不少方面还是有联系的，许多时候

本文为 2011—2012 年度安徽省哲学社会科学规划项目（AHSK11—12D282）阶段性成果。

① 启功：《古代字体论稿》，北京：文物出版社，1979 年，第 4 页。

很难一刀两断。①我们在研究用字时，以文字在使用中呈现出来的各种情形为主要研究对象，兼及其他方面。

关于用字，其实许多学者很早就已注意到了，最为著名的当是《经典释文》的作者唐代陆德明。及至有清一朝，清儒训诂"据借字，求本字，明本义"，戴震、段玉裁师徒与其他"小学"大家不但注意到这个方面，而且在研究中形成一些理论，如戴震《六书音韵表考》："疑于义者，以声考之；疑于音者，以义证之。"尤其是段玉裁，能以形音义相互推求，得文字之原，明古书之理，且极能分别文字之本义，与六艺之借义；其著名论断"同谐声者必同部"颇得学人推重。此后的不少学者在这个方面也多有关注，如刘又辛先生《谈谈假借字、异体字、古近字和本字》②，陈焕良先生《古籍用字述论》③；出土文献的这方面研究，也较早有人涉及，如裘锡圭先生《甲骨文中重文和合文重复偏旁的省略》《再谈甲骨文中重文的省略》④，又如日本学者岛邦男编著《殷墟卜辞综类》（增订版）⑤，该书后面即附有"通用·假借·同义用例"。

近些年来，随着诸多古文字材料刊布，尤其是大批战国楚系简帛文字资料的出版，不少学者把目光投射到用字研究上来，如林素清先生《释吝与文兼论楚简的用字特征》⑥；有的学者则以这个方面为基点，探究上古汉语的语言现象，如史杰鹏先生《由楚简帛书异文谈谈几个上古屋部联绵词的意思》⑦；有的学者则从用字角度将出土文献与传世文献对读进行研究，如李

---

① 裘锡圭:《文字学概要》，北京：商务印书馆，1988年，第28-30页（此处论之甚详）。
② 刘又辛:《谈谈假借字、异体字、古近字和本字》，《西南师范学院学报》，1984年第2期。
③ 陈焕良:《古籍用字述论》，《广东社会科学》，1998年第2期。
④ 裘锡圭《：古文字论集》，北京：中华书局，1992年。
⑤ [日]岛邦男编著:《殷墟卜辞综类》（增订版），汲古书院，1971年。
⑥ 廖名春编:《新出楚简与儒家思想国际学术研讨会论文集》，2002年。
⑦ 史杰鹏:《由楚简帛书异文谈谈几个上古屋部连绵词的意思》，《咸宁学院学报》2005年第25卷第5期。

零先生的《郭店楚简校读记》等①。此外，董琨先生在《楚系简帛文字形用问题》②一文中提出"形用"一语，可以参阅。的确，关于用字已有不少学者论及，但在此，我们仍然觉得对"字用"和"用字"还需区别一下。

有的学者已在著述中提到"字用"这个概念，如李运富先生在其著《楚国简帛文字构形系统研究》③中就经常论到"字用"，可惜的是李运富先生没有对之加以界说。我们以为，字用还有着更加深刻与全面的内涵。用字的范围，依据周波博士的说法："按照字与其所表示的词的关系的不同，用字大体可以分为以下几种类型：1. 本用；2. 假借（相当于我们所谓"音近借用"）；3. 训读（相当于我们所谈的"义近换用"）；4. 形借<接近于我们所论的"错位相用"，其中所举的"楚文字常借'㸴（狄）'为'卒'"，我们以为"㸴"是"卒"的加"爪"的繁化>"。我们觉得用字应该是一个动态的过程，是文字的使用者在使用文字的过程中，打上个人、地域、时代、国家、民族、文化、政治等烙印所显现出来的形体，字用不仅包括文字在使用过程中发生的种种情况，更应该是文字被使用后，在文字中所呈现的规律、特点等，它既

---

① 李零：《郭店楚简校读记》，北京：北京大学出版社，2002年；《上博楚简校读记之二：〈缁衣〉》（二），上海：上海书店出版社，2002年。吴辛丑《简帛典籍异文研究》，广州：中山大学出版社，2002年。徐富昌《典籍异文之鉴别与运用——以简帛本与今本〈老子〉为例》，《出土文献研究方法论文集·初集》，台北：台湾大学出版中心，2005年。

② 董琨：《楚系简帛文字形用问题》，张显成主编《简帛语言文字研究》第二辑，巴蜀书社，2006年。其他还有禤健聪：《战国楚简字词研究》（中山大学博士学位论文，2006年）第一章第一节战国楚简所见楚系用字习惯考察，第7-19页；第二节楚简文字中的专用字及相关问题，第20-28页，第三章战国楚简文字形、音相关问题探析；第一节一字异读与异字同形，第60-67页；第二节形近混用辨析 第68—80页；周波：《战国时代各系文字间的用字差异现象研究》（复旦大学博士学位论文，2008年）。冯胜君：《论郭店简〈唐虞之道〉、〈忠信之道〉、〈语丛〉一~三以及上博简〈缁衣〉为具有齐系文字特点的抄本》（北京大学博士后研究工作报告，2004年，第38—52页），冯胜君就楚、齐两系在用字上的不同，得出"郭店简〈唐虞之道〉、〈忠信之道〉、〈语丛〉一~三以及上博简〈缁衣〉为具有齐系文字特点的抄本"的结论，从用字的角度，对楚地出土的文字材料是否都是楚文字提出疑问，在学术界引起很大反响。

③ 李运富：《楚国简帛文字构形系统研究》，长沙：岳麓书社，1997年，第26页；第29-31页；第43-44页。

是一个动态使用过程，又是一个静态结果的显示，是所有有关文字方面的积淀。字用是个更加宽泛的概念，无论是就其外延还是内涵来讲，字用比用字要广大、宽泛和丰富得多，我们感到字用不单包括周波博士所说的四个种类，还包括其他相关方面，诸如文字的使用总体数量、常用字、通用字、专用字、新造字等，这些都包含在字用之内，字用既是具体的文字使用，如文字在使用中的增益、减省、变形、偏旁移位等，又是抽象的文字使用规律、特点的总括，以及使用这些规律再反过来检讨战国文字中许多文字使用方面的问题。

战国文字的字用研究与战国文字研究的全面展开密不可分，更是对现代汉字研究方法的吸收。黄德宽先生谓："近年来现代汉字及其应用研究，无论是涉及的问题和领域，还是取得的成就等方面都达到了新的水平，逐步适应了社会发展对语言文字研究的新要求。"[①]如今，汉字的字用研究，不管就哪个层面来说，其取得巨大的发展与飞速的进步都是毋庸置疑的，如：繁简字、古今字、通假字（假借字）、异体字、异形词、同形字、同源字、汉字规范（定形、定音、定序、定量）汉字教学、汉字编码、汉字输入、汉字与其他文字之比较研究等，不一而足。[②]

当然，我们在本文中所讨论的字用与语言层面的"语用"及"语用分析"大有不同。首先，这是两个不同的范畴，"语用"是词语在语流中的运用，"语用分析"是将词语放在特定的语言环境中进行分析，从而得出其背景、目的、功用。其次，这是两个不同的层级。字与词不是一一对应的，所以，不可混为一谈。不过，字用中的"同义换用"与语言学分支的语义学中的"同义换读"在结果上则是一致的。

通用字是战国文字字用中的一个方面，在此试作论说。

---

① 黄德宽：《从转型到构建——世纪之交的汉字研究与汉语文字学》，《汉字研究》，北京：学苑出版社，2005年，第31页。
② 可参上引黄德宽该文及《汉语文字学史》（增订本）有关章节，合肥：安徽教育出版社，2006年。

二、通用字的概念

关于通用字，学者们对之颇有分歧。我们在这里也再谈一下。

裘锡圭先生说："在古文字资料里，通用字（也有人称通假字）是很常见的。如果同一个词可以用不同的字来表示，这些不同的字彼此就互为通用字。除去少数很特殊的情况，两个通用字的原来读音一定是完全相同或非常接近的。"①张玉金先生承其师说并加以发展，谓："所谓通用，是指不同的字在某种或某些用法上可以相互替代的现象。可以通用的字，就是通用字。通用字之间的具体关系，大致有以下四类：一是本字跟假借字的关系……二是假借字跟假借字的关系……三是母字跟分化字的关系……四是同义换读字跟本字的关系。"②张先生甚至把"同义换读字跟本字的关系"也讲成是通用字，这似乎太过宽泛也太显笼统。

黄德宽先生论道："'通用字'承袭已久,通行于世,可以用于写作公文……其实唐代的'通用字'许多是许慎所说的'俗字'，而颜氏所指出的'俗字'，到后来很多则变为通用字、正字。"③

以上两种意见是目前学术界的代表观点。事实上很好理解，字面虽然相同，但是实质迥异，各有所指。也被称作通假字的通用字，现在大多数学者都已经称之为"假借字"或"通假字"，这是只有在具体的某个字由于在读音上的相同或相近与另外一个字形成假借关系时才偶尔"通用"一下，而多数时候，我们都习惯说某个字假借为某个字，具有"临时性"的特点，不存在"久假不归"。我们此处所论的通用字乃是黄德宽先生所说的那层含义。这里的通用字是指当时"承袭已久，通行于世，可以用于写作公文"的文字。这样，我们所探讨的通用字与古人仓促之间借用音同或音近的假借字（或"通

---

① 裘锡圭：《谈谈学习古文字的方法》，《古文字论集》，北京：中华书局，1992年，第653页。
② 张玉金、夏中华：《汉字学概论》，南宁：广西教育出版社，2001年，第205页。
③ 黄德宽、陈秉新：《汉语文字学史》（增订本），合肥：安徽教育出版社，2006年。

假字")判然有别。

三、战国文字中通用字的特点

所谓通用是文字在具体的使用层面里，既有使用领域的广度（即既包括其他载体，又包括其他国系的文字），更有在诸多领域出现的频度，这才是我们所指称的通用字或通行字。也即通用字当是从前代沿袭下来、流行于当世各个领域、遍及多种书写介质的文字，它既有时间上的跨度，又有空间上的广度，还有载体的普遍性。"通"与"用"最能概括"通用字"的特点，"通"即是"接千载，通万里"；"用"即是"全民常用"。具体地说，通用字当有下列三个特点。

（一）传承性

通用字是其前代通用字的延续。饶宗颐先生说："战国与秦文字即取自殷契，正一脉相承也。"①董琨先生谓："在文字方面，从总体上说，楚系文字也是直接承继中原地区的殷商甲骨文和西周金文的。"②

战国文字中的通用字不是一下子产生的，有相当一部分是对其前代的通用字继承和发展。

最明显的莫过于"豮"字，这种独具楚地特色的加"爪"的写法的"家"字，早在《楚公豮钟》中就已出现，这是典型的对前代通用字的承继。"豮，曾宪通释家，楚字家多如此作，如楚公豮钟、戈，还有楚简上所见到的'豮'字，上增一爪，仍是家字（楚简中的𡨄字上亦从爪）这里读为嫁。"③

"仓"字，甲骨文"𣌭"，金文为"𣌮"或"𣌯"，在战国楚系简帛文字

---

① 饶宗颐：《释纪时之奇字：网、丕与𠂤（孰）》，《第二届国际中国古文字学研讨会论文集》，1993年，第71页。
② 董琨：《楚文字若干问题的思考》，《古文字研究》第二十六辑，北京：中华书局，2006年，第433页。
③ 李零：《长沙子弹库战国楚帛书研究》，北京：中华书局，1985年，第75-76页。

中则为"▇"[见于《上博简》(四)昭 8，还见于《上博简》(二)《容》1、《上博简》(六)《用曰》6]等。

还有"先"字，甲文作▇(粹二〇〇)，春秋余义钟则作▇，而新蔡作▇(甲三：142-1；零：337)增加了义符。

"我"字，"如果将这些字同甲骨文、金文中的'我'字比较，便可以看出它们有着一脉相承的联系"[①]。

《上博简》(三)《周》1 濮茅左先生说："'晶'，用作'三'，楚竹书《周易》中的'三'字均作此形。与甲骨文'▇'(《殷虚文字甲编》六七五片)等字形同，像三星形。甲骨文、简文'晶'当'参'之本字。"(原《考释》，第 136 页)《彭祖》《中弓》等篇则作"三"，这种"三"也同样渊源有自。

（二）普遍性

我们这里所论的普遍性有两个方面的内容，即使用的多领域性与多地域性。

1.多领域性

通用字之所以通用，是因为它在使用中具有普遍性，即通用字使用的领域非常广泛，既可以用在典籍的抄写上，也可以用在卜筮与祭祷上，甚至也可以用于日书与遣策的记录上。诸般场合都能应用，各种载体俱可施行。还有不同的内容都在使用，如"和"，"和"是儒家、道家、兵家、阴阳家等诸子百家比较讲究的一个重要概念之一，如"和为贵"及郭《五行》4"悳（德）之行五和胃（谓）之悳（德），四行和胃（谓）之善"、《尊》27"福（富）未必和，不和不安"、郭《老》甲 34"冬（终）日嗥（号）而不忧，和之至也。和曰常，智（知）和曰明"、《上博简》(四)《曹》，其出现的频度很高，达 47 次＜"和"多作"和"，《上博简》(六)《天》甲 6、乙 5 作"咊"＞。我们发现，如前面常用字及其出现频度表所示，好多通用字正是如此。楚帛书有

---

① 曾宪通撰集：《长沙楚帛书文字编》，北京：中华书局，1993 年，第 84 页。

字作"昏"，《上博简》（三）《互》9"先又晦（晦）"之"晦"字，二者当是一字异体，虽然配置不同，上下与左右结构之差；用法有异，"昏字从母从日，即晦字，读为海。"①一个用作"晦"字，但是构件一样，都是从"日""母"声。楚帛书的 ☐、☐、☐、☐、☐、☐、☐ 等与其他地方的同样的字写法都一致。鄂君启节上的上所书的楚文字都应是典型的通用字，其与其他楚系简帛文字的许多通用字毫无二致，甚至是在形体上都没有多大区别，如频频出现的 ☐、☐、☐、☐、☐（还见于望山楚简）、☐、☐、☐、☐ 等字，都可在他处别种书写材料上找到。又如"'琛'，从玉、呆声，《上博简》（六）《竞公痎》简 1 '呆' 古文 '保'，疑 '宝' 或体，字亦见于《包山楚简》（第二二六、二三六简）。《望山楚简》古文宝，省贝。简文以 '呆（保）为声符。从贝与从玉义近，物贵可藏。"（第 165 页）甚至，连不少楚地特殊的写法，像楚帛书中的"☐"及"冒="（日月）、"卡="（上下）这样的合文之类比较特殊写法的文字等在其他之处照样可以看到。

2. 多地域性

战国文字中不少字形在楚地其他书写材料中也多有出现，如上所列；同时，我们察觉到在其他区域的相同或不同的文字书写载体上也一样出现，如信阳楚简的出土地点与郭店楚墓竹简等出土地点，两地相距甚远，但是，两地出土简形体却有惊人的相似之处，如信阳简的"☐""☐""☐"与他处的楚简这些字的写法并没有什么两样。"☐、☐、☐ 为战国时楚国 '为'字的通常写法，中原地区国家只是偶用。"②又如"战国时期的出土资料很丰富，有铜器铭文、竹简帛书、玺印、钱币等，这些数据中所使用的国家通称几乎全都是 '邦'。这是战国各国共同的特点。信阳、包山、九店、郭店楚简和子

---

① 李零：《长沙子弹库战国楚帛书研究》，北京：中华书局，1985 年，第 61 页。

② 张振林：《浅论铜器铭文形式上的时代标记》，《古文字研究》第五辑，广州：中山大学出版，1981 年，第 86 页。

弹库帛书中一共出现39个'邦'字，都作'国家'义"①。

虽然是偶一为之，但是很能说明问题，至少能表明思维是共通的，并且文化（包括文字）是处于不断地交流之中。

《上博简》（三）《周》简5"返"字，濮茅左先生考释说："'返'，即'复'字，《郭店楚墓竹简》《包山楚简》、金文《中山圆壶》等都作此形，从辵、复声。"（原书《考释》，第143页）而这种"返"字在《侯马盟书》中随处可见。

更加值得注意的是，楚系简帛文字中不少字形与相距数千里之遥的中山文字颇多同似，如山（三见）、曰、不、吉、聲等，②这些字与楚系文字完全相同，只是结体修长而已。甚至是连区别手段都是共通的<像"山"的中竖下端图黑，以与"草"的省体"艸"（"若"字所从）相别>，这除了都是因袭前代的文字而外，还一定有其他方面的原因存在，有待学者们深入研究。

（三）常用性

通用字与常用字，这两者犹如孪生兄弟，关系至为密切，相互交叉。常用字由于经常使用，就变成了通用字；而通用字也因为遍及各个层面，也得以常常出现，变成常用字。我们在前面的常用字及字频表中进行统计，考察出常用字的出现频度，其实这也包括了它的通用性，如"之""一"等。再如我们随机抽出《上博简》（六）中《竞公疟》③一文，再对其常用字进行字频统计，结果如下表（我们只取其排在前二十位者）：

之	18	子	12	公	11	使	11	于	10	不	10	祝	10	虐	9	其	9	为	7
是	7	也	7	者	7	安	7	夫	6	言	6	君	5	曰	5	与	5	可	4

---

① [日]大西克也：《论古文字资料中的"邦"和"国"》，《古文字研究》第二十三辑，北京：中华书局、安徽大学出版社，2002年，第187页。
② 张守中撰集：《中山王𰯲器文字编》，北京：中华书局，1981年。
③ 马承源主编：《上海博物馆藏战国楚竹书（六）·竞公疟》，上海：上海古籍出版社，2006年。

我们再将之与随机抽出的《上博简》(四)中《曹沫之陈》①统计结果:

之	81	曰	57	不	56	又	52	邑	47	而	28	公	27	其	27	于	27	战	26
毋	24	庄	24	答	21	君	20	者	20	必	19	人	18	邦	18	或	18	可	17

通过比较可以察知,去除由其内容决定表达需要的用字这一情况外,它们的通用字与常用字都是排名靠前的(如"之""不""于""公""其"皆居前十位)。

很显然二者是有区别的。首先是二者的来源不同,通用字实际上是来源于"正、俗、通"的传统概念,常用字则是现代汉字学进入全面、深入研究的产物。其次,二者的内涵也不相同,通用字强调的是时空跨度及各载体的分布;而常用字则侧重于文字使用中某字出现的频度。

通用字很多时候就是常用字,而常用字许多情况下又是通用字。现代汉语通用字表,是通用字包含常用字的。

(原载于《淮北师范大学学报》(哲学社会科学版),第34卷第5期,总第153期,2013年)

---

① 马承源主编:《上海博物馆藏战国楚竹书(四)·曹沫之陈》,上海:上海古籍出版社,2004年。

读《上海博物馆藏战国楚竹书·孔子诗论》散记（一）

《上海博物馆藏战国楚竹书·孔子诗论》自出版以来，①研究甚夥，角度不同，成果亦异。今将研读所想，撷取十则呈上，就正方家。

一、??

按：此字说解众多，种种说法俱为有理。诸说之中，同意释为"隐"字者较多，释"吝"者次之，依托字形，借助典籍，寻求读音，探讨文义，实因角度不同，释法各异。字的考释始于字形而最终应该落实到文句之中。笔者以为，"诗亡??志"中"??"字可读为"隐"，因古人所重在于以诗言志，后世"文以载道"同此，白居易主张"文章当合为时而著，诗歌当合为事而作。"下情上达，只能倚诗体现，经采风官收取，吟诵者讽诵，上下沟通，从而达到一种"其乐融融"的治世这种最高境界。"乐亡??情"中"??"字可读为"吝"，由于所有音乐都是用以抒发感情的，所以不需约束并且还要淋漓尽致，正如《诗序》所谓"手之舞之，足之蹈之"。故以"吝"为佳。"文亡??言"中"??"字似读"离"，孔子曾说"言之无文，行而不远"，就是一部《论语》也极富文采。而《诗经》流传至今与其较高艺术性（诗经"六艺"之"赋""比""兴"）不无关系。因此，既是诗论，孔子从总体上这样评价《诗经》当是如此。至于字形，各家说解，亦各有理据，因此一字多读不为罕见。如

本文为 2012 年度高校省级人文社会科学研究项目（SK2012B429）资助阶段性成果。
① 马承源主编：《上海博物馆藏战国楚竹书》（一），上海：上海古籍出版社，2001 年。

上博竹书二册《民之父母》简5里两"昏"字既可读"闻",也可读为"问";其他像"圣"读"听""声";"弋"读"式""忒""代";"隹"读"谁""唯""惟"不一而足。此虽为折中之论,但却是变通之言,唯此读法依于形而不囿于形。

二、言

按:从字形上看,马承源先生谓"与同篇简文其他七个'言'字比较,上部是一致的"之说有误,①倒是李学勤先生分析符合事实。②饶氏将字形与句法结合起来研究。③廖氏则自推理方面入手。④我们认为,如单从字形上看,确应释为"意",且也可讲通,但是,联系整篇诗论,论者综合评论诗的几个方面,即要表达心志,要痛快淋漓,要文采斐然。此是论文与言的关系,故以释"言"为长。

三、寺

按:此因简序不同,释读各异。古人重"时"与"命"。孔子"每怀济代心",他既重"逝者如斯,不舍昼夜"的自然之"时",又重"穷则独善其身,达则兼济天下"的社会之"时"。这里当依刘信芳先生等释"时"之说,⑤此说我们以为更妥。

---

① 马承源主编:《上海博物馆藏战国楚竹书》(一),上海:上海古籍出版社,2001年,第137页。
② 李学勤:《谈〈诗论〉"诗亡隐志"章》,《清华简帛研究》第二辑,第26-28页。
③ 饶宗颐:《竹书〈诗序〉小笺》,《上海博物馆藏战国楚竹书研究》,上海:上海书店出版社,2002年,第231页。
④ 廖名春:《上海博物馆藏诗论简校释》,《中国哲学史》,2002年第2期。
⑤ 刘信芳:《孔子诗论述学》,合肥:安徽大学出版社,2003年,第111页。

四、大夏

按：该字读为"夏"，与"雅"通，必定无疑，但似仍未理顺该字与"夏"字的关系。马承源先生所论稍远，董莲池先生之说笼统。①其实，此字金文中习见，如《伯夏父鬲》《仲夏父鬲》之"夏"，右上从页（或从首）下从止，左从日，会炎夏之意，简文中该字正是"夏"字初文。后来，文字发展、演进、省讹，大约是一路朝今天"夏"字而来，上部仍从"首"，下从倒"止（即"趾"之初文）"，省去"日"字；另一路沿上博《缁衣》中的《少夏》的"夏"字而去，上从"日"，下从"虫"，省去"页"字，其中，"虫"当是"止"的讹变（或"止"讹为"女"）。这该是先前文字没有规范标准、书写随意造成。后世，今"夏"行而从"日"从"止"（或为"虫"）之"夏"废矣。

五、怨退

按：时世艰难，小民亦唯曰怨。此简"也，多言……者也，衰矣，少矣！""多言"是论断的首句格式……这是非常正确的。从总体上看，"多言"一语统领到"者也"，总结上文"难而𢚩退（悘）"是"多言"所陈述的内容，以"而"相连接，"𢚩"、"退（悘）"同义连文，则"退"读为"悘"，《说文》"悘，怨也"，应是确解。《淮南子·原道训》："此齐民之所为形植黎黑，忧悲而不得志也，圣人处之，不为愁悴怨悘，而不失其所以自乐也。"高注："悘，病也。"王引之云："……又悘与病义不相近，悘皆当读为慰……怨，读为苑，慰读为蔚，苑、蔚皆病也。"范毓周先生却读破此句，②断章取义，鄙以为不可取。

---

① 董莲池：《上海博物馆藏〈战国楚竹书〉（一）·孔子诗论解诂（一）》，《古籍整理研究学刊》，2002年3月，第2期。
② 范毓周：《上海博物馆藏楚简〈诗论〉第三、四两枚简释读》，"新出土文献与古代文明研究"国际学术研讨会会议论文，上海，2002年7月26-28日。

六、谷（还见于简 7、9、16）

按：楚简中一般借"谷"用为"欲"，此亦当以读"欲"为是。简 7 仍当读为"欲"，此乃孔子"天命观"在《孔子诗论》一文中的表现。孔子认为，天降大命于文王，并非文王一厢情愿，而是两相结合，因此孔子论中一再申述"命"。揣其语气，后面"隹"应读"虽"，有退一步讲之义。

七、邦风，亓内勿也尃，观人谷安

按：孔子要求后生学诵《诗经》，由于《诗经》内容丰富，包罗万象，对一般人而言，可多识鸟兽虫鱼等；对从政者来说，可以遍览民生百态，皆因《邦风》取材广泛，这是从主题思想上进行评价的。所以，应该在这个前提下句读、考量、释读。

八、會材

按：此当是仍就《邦风》主要内容而发议论，应指其题材的收集，文学素材的选取，若说是其他具象诸如物质财富的敛聚，则于论诗恐怕相隔太远，过于唯物。

九、隹能夫

按：孔子对《诗》评价极高，也极推崇。因此，他要求弟子学习《诗》、并吃透《诗》的精义妙道，才可致用。联系上文孔子对《邦风》的论述，这里应该是以强调的语气来说，这样，"隹"，读为"唯"堪称允当。冯时断句不可取，先秦句式：主语+其+其他成分，例子甚多，如"吾其还矣"（《左传·僖公 33 年》），"君其问诸水滨"（《左传·僖公 4 年》）。

十、戋

按：以字形看，当是"贱"字之省略"贝"旁，文字省减乃是战国文字最为显著的特点之一<参何琳仪先生《战国文字通论》（订补）202—213页，江苏教育出版社，2003年1月>。《上藏楚竹书》（二）里《子羔》一文中"而其父戋而不足称也"句中"戋"亦是"贱"字之省略"贝"可证。就文义论，孔子虽然奉行"有教无类"，这只是其教育思想，但其贵贱尊卑等级观念根深蒂固，如《论语》中即有类似说法，"贱民"一词出现于其诗论之中，亦是非常自然。

以上为研读战国楚简所记，当有不妥，尚请指正。

（原载于《古典文献学术论丛》第4辑，王政，周有斌主编，黄山书社，2014年）

读《上海博物馆藏战国楚竹书》（四）随记（三则）

一

《上海博物馆藏战国楚竹书》（四）中《采风曲目》简3的"𠃍"字，原考释者马承源先生："'𠃍'待考。"（第167页）①我们觉得该字似可释作"伊"。中间部分为"尹"，这是没有问题的。上边的形体是"人"字，此可与本简的"牧人"之"人""人"之"人"及"良人"之"人"相比较，这也应当毫无疑问。"尹"下边包围的形体应该也是"人"字，只是写得很不飘逸。何以释此字为"伊"？我们知道，楚系简帛文字，在实际的使用中，由于书写空间的逼仄，许多原本可以作为左右结构的字，大多数被安排成上下结构；同时也因为书写格局形成的书写习惯是下行左行，因此很多字便成了上下堆叠的形体。而且，"人"字作偏旁被放在最上面的很多，如《上海博物馆藏战国楚竹书（三）·周易》简50"酓（饮）飤（食）𧗢=（衍衍）"之"𧗢"，其"人"旁即在上边。还有《上海博物馆藏战国楚竹书（二）·性情论》的"低"字，何琳仪先生在《第二批沪简选释》中考释道："'民'原篆作'𰀀'，此字上从'人'，下从'民'，本应隶定'低'，乃'民'之繁文。"②这个字也把"人"

本文为2012年度高校省级人文社会科学研究项目（SK2012B429）阶段性成果。
① 马承源主编：《上海博物馆藏战国楚竹书》（四），上海：上海古籍出版社，2004年。以下凡是出自此书的不再一一注出。
② 何琳仪：《第二批沪简选释》，《新出楚简文字考》，合肥：安徽大学出版社，2007年，第160页。

字放在上边。但是,"人"字放在上边之后,下边的部分显得空落,于是,干脆在下边也放一个"人",这样,整个字便呈稳妥而不致摇摇欲坠。如黄德宽先生所说:"当我们对古汉字形声组合的关系进行历史的考察时,我们不仅能够把握其不定型和不稳定,以及组合中以声为核心的特点,而且通过其发展趋势和定型定位的过程,还可以明确,形声组合的形式特征,是形符和声符间互相和谐、浑然一体的外现,其遵循着构形的平衡律。"①虽然该字有两个"人"旁,但正如我们所说,下边的"人"字似乎只是装饰,所以我们倾向于把此字释为上"人"下"尹"的"伊"字。曲目名为"伊也遗夬(玦)",与"墙上生之苇""道之远尔"及"良人无不宜也"也正相协,都是主谓结构。再说,将之释作"伊",因其为逸诗,所以,此曲目名很容易引发我们想起《诗经·邶风·静女》"静女其娈,贻我彤管"的意蕴,"伊也遗夬(玦)"正可融入这一类诗歌之中。

二

《上海博物馆藏战国楚竹书》(四)之《采风曲目》简4有一曲目名《亓𦅫也》,在释文中马承源先生仅作原字摹写,并指出其为曲目名称,其余未置一词。曲目名中第二字原篆作𦅫,我们认为它可能是"欢乐"二字。今做如下解析。该字可以分析为三个构件,首先让我们来看一下左边的这个构件。通过放大,可以清楚地发现左边这个构件由三个笔画组成。第一个是ᄼ(拐弯处稍微细点,但其笔势依然可以看出),第二个是呈"乙"状的乙,第三个则如我们今天汉字中"提"画形状的ᅩ。第一、第二两个笔画相互纠缠,便成𢆶,再加上第三笔就成"𢆶",不管把第三笔当作什么看待(看成是"糸"下三点的省写或其他什么),都不大影响我们对这左偏旁的辨识,它其实即"糸"字,只不过是第一笔的头伸得太长,这也许是考虑到右旁部件太多太高,为了与

---

① 黄德宽:《古汉字形声结构论考》,吉林大学博士学位论文,1996年,第60页。

右旁相互呼应，从而做到顾盼生姿，当然，写得还嫌草率些，这是司空见惯的事，甚至还有写得更草，像◯<缰《上海博物馆藏战国楚竹书（六）·慎子曰恭俭》简5>。所以致此的原因乃是"因为古文字形体结构中，由于偏旁之间的互相制约性，许多作为偏旁的古文字形，往往比它们单独使用时写得省简草率……"①再看右旁。右旁可以分解为两个构件，因为在楚系简帛文字中，由这样两个构件合成一个形体的字我们至今还未发现，所以我们说它们是两个完全独立的文字构形单位。上边的形体是楚系简帛文字中比较多见的省去"廾"形的"◯"字，如《上海博物馆藏楚竹书（一）·孔子诗论》简4"戚患"之"患"◯，同书《缁衣》简13"◯心"第一字上似从之（楚系简帛文字中，有的偏旁的笔画可竖放，也可横置，如"田"与"目"互换，似可说明），只是多"廾"形；本册《相邦之道》简1的◯，多一笔与少一笔无关宏旨，如"凡"字作◯或作◯（在《季庚子问于孔子》简20这同一简中）；又如新蔡简甲三267的"◯"字，在甲三235-1中又作"◯"，②而且这"一"也可这样解释，它是省略的标志，由于构件太多，会使字形过于庞大，故而用"一"来表示省略"廾"形。右下部剩下的构件就更加明朗了，它就是构成"乐""怿"<如◯（《包》59、82……）>、"泽"<如◯（《包》100）>、"释"（如◯：郭《穷》6）等字的偏旁：◯，由于"人"形的两笔分得太开，以致许多学者望而却步。至此，我们对这个形体的分析已经全部完毕，那么，该形体究竟是什么字？如果我们再进一步考虑到左边的"糸"作为偏旁可以共用，这种偏旁共用的例子在整个楚系简帛文字中多有发现，此不举。则这个字实则是不加合文符号且共用偏旁的两个字！也就是"◯◯"，即"◯◯"。

---

① 黄德宽：《释金文◯字》，《容庚先生百年诞辰纪念文集》，广州：广东人民出版社，1998年，第476-477页。
② 河南省文物考古研究所编著：《新蔡葛陵楚墓》，郑州：大象出版社，2003年。与此偏旁相关的，刘钊先生："按字从糸从'关'，'关'即《说文》併所从之'并'，后孳乳分化出为'朕'，故此字应释为'縢'。"刘钊《出土简帛文字丛考》，台北：台湾古籍出版有限公司，2004年，第28页。

这样化整为零，层层剖析，那么它岂不就是可以读为"欢乐"的两个字？裘锡圭先生曾论道："《上海博物馆藏战国楚竹书（一）·孔子诗论》4号简'民之有慼慭'、同书《性情论》31号简'凡忧慭之事欲任'，皆以'慭'为'患'（《性情论》之'忧慭'，郭店简《性自命出》62号简作'忧患'）。而2000年荆门左塚3号楚墓所出漆梡上属于B图'口'形的第二栏文字，则以'民慭'与'民患'并列，整理者读'慭'为'患'，当可信……"①"欢"字古音为晓纽元部，从"患"得声的"漶"古音也是晓纽元部，故"欻"可以读为"欢"。特别是第二个字，上博简（二）《民》篇诸多"乐"字皆如此作"䜭"，这应当是我们释此形体可以读为"欢乐"二字的有力旁证。

三

上博简（四）之《曹》简63有字，李零先生释之为"亦"。被释为"亦"的字原篆为夾。我们先来看一下那些从字形与句义上都完全可以坐实的"亦"字。"亦"字在本篇中只作夾 <上博简（四）《曹》简6>；夾 <上博简（四）《曹》简7>；夾 <上博简（四）《曹》简9>；夾、夾<上博简（四）《曹》简65（二见）>。别处的"亦"字：夾（《周易》44、56；《中》2与之相似）。而我们知道"亦"本是一个正面而立的"人"（即"大"字），在其腋下，加注两点标指之，本义即是"腋下"，从"大"。"大"在本篇中作夾、夾 <上博简（四）《曹》简8>、夾 <上博简（四）《曹》简14>、夾 <上博简（四）《曹》简16>、夾 <上博简（四）《曹》简25>、夭 <上博简（四）《曹》简46>、他处夾 <上博简（五）《季庚子问于孔子》简2>……。而"火"及从"火"之字有：夾（《郭·唐》10）、夾（《九》M56·39）、②夾（《楚帛书》丙）；从"火"的：焿（《柬大王泊旱》简3）；蒶焿（《内豊》简8）；㷿（上博简（四）

---

① 裘锡圭：《上博简〈相邦之道〉1号简考释》，《中国文字学报》第一辑，北京：商务印书馆，2006年，第70页。
② 湖北省文物考古研究所、北京大学中文系编：《九店楚简》，北京：中华书局，2000年。

《曹》简2正从"火"）；🔥🔥<上博简（四）《曹》简5、6、28、33（三见）、35（二见）>；🔥《上博简（五）·季庚子问于孔子》简8……他处：🔥（天卜《楚编》第584页）、①🔥（《包》简163）②；🔥（《郭·老》甲简27）③；🔥（《包》简207）、🔥（《包筶》竹签）、🔥（《包》270）……陈列上揭有关字形，我们试做如下分析：一，笔势上似乎大差不离，但是还是有区别的。没有一横的"火"很易识别，有一横的"火"就得慎之又慎了。有一横的"火"，那横画是笔直的，无论短长，一概如此。而"亦"呢？那上边的不是一横而是个"人"形！这上边的笔画当然是向两边下斜了，上面所列的"大"字上边笔画也无不这样。二，笔画上"火"与"亦"也是不相同的。有一横的"火"是五笔，而"亦"字则是毫不含糊的六画！其与《楚帛书》丙的"火"特别相似。其实，我们早已把三个"火"字独体字列在上边，就应该区别出它们了。辞例为"毋亦飤（食）饙"，跟《楚帛书》丙 "不火得"结构相同。还有，如在夜间，既"埣危地"，应当衔枚疾走，若再"火食"，那结果就像孙膑的同学庞涓一样，陷于马陵道中，不要说"火食"，哪怕是发出一点光亮，就会招来灭顶之灾。另外刘乐贤先生："邾公华钟🔥字，诸家皆释作慎。字上部所从之🔥当即火，春秋战国文字中'火'的上部常常可以添加一横画而写作🔥。由此可知《说文古文》🔥上部实乃🔥之讹变……总之，慎字的古文就是一上火下日的旮字，这是毫无疑问的。"④可证我们所释。

总之，63简这个🔥不管从哪方面讲都当释为"火"而非"亦"。⑤

（原载于《汉语言文字研究》第一辑，上海古籍出版社，2015年）

---

① 李守奎编著：《楚文字编》，上海：华东师范大学出版社，2003年。
② 湖北省荆沙铁路考古队编：《包山楚简》，北京：文物出版社，1991年。
③ 荆门市博物馆编：《郭店楚墓竹简》，北京：文物出版社，1998年。
④ 刘乐贤：《释〈说文〉古文慎字》，《考古与文物》，1993年第4期。
⑤ 陈剑：《上博竹书〈曹沫之陈〉新编释文（稿）》，2005年2月12日。注[32]也将该字释为"火"，与本人所释不谋而合。

读《上海博物馆藏战国楚竹书》（五）二则

一

《上海博物馆藏战国楚竹书》（五）《季庚子问于孔子》简 16 濮茅左考释为："'𠛎'，字书不见，读为'则'。"<《上海博物馆藏战国楚竹书》（五），第 225 页①>我们认为，原考释者所隶定、释出的"𠛎"字，大可商榷。先来看一下该字形体。其原篆作 ，字可分析为三个组成部分。最上边的是"宀"，这是确定无疑的。"宀"下左旁为"贝"，这也是没有任何问题的。关键是"宀"下右边的构件是什么。是"刀"还是"人"？我们知道，在楚系简帛文字中，从"刀"与从"人"还是不同的，尽管也有混而不别的时候。一般地，"刀"字的第二笔是在第一笔的中上部下笔，如" "<《上博简（六）·竞公疟》简 13>字所从、" "（曾侯乙墓简 75）、" "（包山简 208）、" "（《上博简（五）·姑成家父》简 4 "刀"字所从的"刀"）、 《上博简（五）·三德》简 10……；而"人"字如 （简 10）、 （简 14）、 （简 19）、 （简 20）、 （简 22）、 《上博简（五）·三德》简 10、16； （简 7）、简 14 的 、简 15 的兄 、简 23 的 ……通过比较，我们可以看出，"刀"与"人"却很相似但却是相异的两个形体。那么这个字是什么字？"宾"字在楚系简帛文字中

本文为 2012 年度高校省级人文社会科学研究项目（SK2012B429）和 2011—2012 年度安徽省哲学社会科学规划项目（AHSK11—12D282）阶段性成果。

① 马承源主编：《上海博物馆藏战国楚竹书》（五），上海：上海古籍出版社，2005 年。以下简称"上博简"，凡是出自上博楚竹书的，不再一一注出。

有两个系统，一个是从"宀"下边从似"万"的，如《上博简（二）·容》简5的❍，《上博简（三）·周易》简40的❍等，或加"贝"作❍<《上博简（一）·孔》简27>等；一个是省"万"形而作"賔"（容简6、郭老甲简19）、或从重"贝"作❍《采风曲目》简3、4。表示"人"或与"人"有关的，常赘加"人"字旁，这在楚文字中也是常见的（详愚文他处），这个字也赘加"人"字旁，并且是放在右边。无独有偶，《郭·性》①简66也有与此字极为相似的"❍"，所异者唯左右不同而已，则此字当为"賔"字，是"宾"字的异体。而使原释者致误的应该有两个原因，与"刀"形似的"人"旁；"人"旁放在右边。这岂不象"刞"，再说，如释之为"刞"，读为"则"，则原释的句子"女（如）刞（则）客之事也"，不易理解。而释为"宾"，那么原句子为"……必敬，女（如）賔（宾）客之事也。"非常顺适，而且，"宾客"同义连用，正与古人行文习惯密合无间；倘若释为"则"字，则句义难明，不知所云。

二

《弟子问》简 5，张光裕先生考释说："'春秋'，犹言岁月。'春'字书写特异，可与郭店楚简《六德》第 25 简、《语丛一》第 40 简、《语丛三》第 20 简所书'春秋'字形比观。"<《上博简（五）》第 270 页>我们觉得此释殊为可商。先看原考释者张光裕先生所说的"春"字。"春"字原篆为"❍"，试比较张先生提及的下列几个字形：❍（上博简《六德》25）；❍（《语丛一》40）；❍（《语丛三》20）。这三个"春"字，前两个肯定是从"日""屯"声（顺带说一句，《楚帛书》两见的"春"字也是从"日""屯"声，可以归入这个系统）；第二个"屯"字，我们把它当作是第一种"屯"字省掉右下部笔画的省变；第三个所谓"春"字，既可以看作是"艸"之省体"屮"，但是，

---

① 荆门市博物馆编：《郭店楚墓竹简》，北京：文物出版社，1998 年。简称《郭》，以下出自该书者，不复注出。

即便是从单"屮",这应当是省却"屯"的会意字,尽管如此,它依然与我们这一篇简文中的"㲀"还差一截,也可以勉强把之当作是"屯"在第二个"屯"的基础上的进一步省讹(只是"勉强")。我们不妨再看一看楚系简帛文字中他处的"春"字。别处的"春"字可分为两类,一类是从"艸"、从"日""屯"声,这一类是小篆的前身,见《包山楚简》简 200、206、240,①新蔡简②甲三 179 㐱字(顺便说一句,《曾侯乙墓》简 1 的"㲀"字,构件有所变动,但是仍然可以并入此类;栾书缶的两个"春"字,都是从"艸"、从"月""屯"声,作㐱,这是典型的同义义符更换,关于这个方面,论者较多,此不赘),㐱《上博简(六)·庄王既成　申公臣灵王》简 1、㐱《上博简(六)·用曰》简 10;还有一类是省掉形旁"日"的见《包山楚简》简 203,作"㐱",③仅一见。不论是哪一类别,都与"㲀"字相距甚远。因为该篇此字结构非常清晰,分明是上从"艸"、下从"豆",这无须举多少例子来证,尤其是上边的"艸",而下边的"豆"形,像极"豊"<《上海博物馆藏战国楚竹书(六)·天子建州》(甲)简 4>、"壴"(如下简的"壴"字)、"戜"(本篇第 19 简)等字所从的"豆"。如果硬要说它是"春"字,则下边的形体"㐱",没个归属,无法说清。所以,可以断言此字不是"春"字而是别的字。依照字形,我们把它隶作"荳"。"荳"字见于《正字通·艸部》:"荳,俗豆字。"此处显然不是它的实际用法,至于它到底读作什么,还有待研究。再来看被张先生释为"秋"的字。"秋"字原字形为"㐱",把它与张先生所说的几个"秋"字相比较:㐱(上博简《六德》25);㐱(《语丛一》40);㐱(《语丛三》20)。一言以蔽之,在形体上可谓大相径庭,共同的部件只有一个"禾"字,这远远不能使人信服。那么其他楚系简帛文字中的"秋"字又作何状?我们根据所能见到的"秋"字形体,把它们分为以下几类:一,从"禾"、从"灾",如㐱

---

① 湖北省荆沙铁路考古队编:《包山楚简》,北京:文物出版社,1991 年。
② 河南省文物考古研究所编著:《新蔡葛陵楚墓》,郑州:大象出版社,2003 年。
③ 湖北省荆沙铁路考古队编:《包山楚简》,北京:文物出版社,1991 年。

(《包山楚简》木牍)、▨<《上博简（六）·庄王既成申公臣灵王》简 1 "秋"都属于这一类，所异者唯构件左右配置不同而已>，包括上边张先生所举《郭·六德》简 25 的"秋"字等；二，从"日"、从"禾"，如▨（《包》183）、▨（《包》214），《楚帛书》乙、丙的"秋"字也属这类，唯省去义符"火"字；三，从"禾"、从"日"，从"人"，如▨（天卜）、▨（秦 M13）等，①张先生所说的《语丛》一、三的两个"秋"字，李守奎先生以为是"穆"字的讹形（参《楚文字编》第 443 页），▨《上博简（五）·鲍叔牙与隰朋之谏》简 7、▨《上博简（六）·用曰》简 10 的"秋"都属于这一类。此处所谓的"秋"字，再明显不过了，是由两个偏旁构成的，一个不用说是"禾"，另外一个是什么？在楚系简帛文字中，尤其是以上博简的《孔子诗论》（一册）、《子羔》（二册）、《鲁邦大旱》（二册）、《君子为礼》（五册）、《弟子问》（五册）（即我们正在讨论的所谓"秋"字所处的篇章）、《竞公疟》（六册），这几篇书体风格一致，其中有一个值得注意的方面就是，竖画中加一短横与加一点是等同的。则这个字可被分析成两个部件，"禾"，从"千"，只是上边的一笔搭在"禾"的第一笔与第二笔交接之处，与新蔡简甲三 65 的▨字"木"上部搭在"人"字上相似。我们再来查阅一下楚系简帛文字中的"年"字：▨（《郭店简·穷》简 5）；▨（长沙仰天湖 40）；上博简中：▨<上博简《鬼神之明融师有成氏》简 3 "长年而𠯑（没）">；▨（上博简《孔子见季桓子》18）；▨（上博简《鬼神之明融师有成氏》简 2）；▨（上博简《竞建内之》3）；▨（上博简《曹》12）；▨（上博简《周》24）；▨（上博简《缁》7）以上这些"年"字，形体相近，皆由两个偏旁构成，与我们讨论的字相互比对，只是构件的上下与左右不同配置罢了（关于这点，我们在他处有论）。从上面的分析，我们完全可以认定此字乃是一个将"千"字置于"禾"字右旁的"年"字！上字不好遽定，但疑与"盛"之类意思相近，暂读为"盛年"二字。古

---

① 李守奎编著：《楚文字编》，上海：华东师范大学出版社，2003 年。

人重时，比如孔子，他既重社会之时，"时乎时，不再来"；又重自然之时，"逝者如斯夫，不舍昼夜""加我数年，五十以学《易》，可以无大过"。陶渊明诗"盛年不重来，一日难再晨。及时当勉励，岁月不待人"。"春秋"虽然可以解为"岁月"，但是"岁月"无所谓"恒至"不"恒至"，它是无穷无尽的，它没有什么特指"青春的岁月"。

（原载于《淮北师范大学学报》（哲学社会科学版），第36卷，第5期，总第165期，2015年）

附记

此文成后，曾送达徐在国先生审阅，蒙徐先生指出，此二字早已有学者质疑，苏建洲先生云："释为'春秋'的'秋'字，恐不能直接隶作'秋'，字形似与楚公逆钟的'休'相近，只是偏旁左右移动，'秋'〈清幽〉'休'〈晓幽〉，声韵关系密切。"(《初读〈上博五〉浅说》，简帛网（http://www.bsm.org.cn/），2006年2月18日）陈伟先生谓："从字形上看，二字疑是'丰年'……"＜陈伟《上博五〈弟子问〉零释》，简帛网（http://www.bsm.org.cn/），2006年2月21日＞徐先生所释与我们一致，然徐先生认为"荁年"二字读为"寿年"（《上博五文字考释八遗》，武汉大学简帛研究中心主办《简帛》第三辑，第91-92页，上海古籍出版社，2008年）。

读《上海博物馆藏战国楚竹书·孔子诗论》散记(二)

一、杏

按：下从"臼"的"杏"应该就是"本"的异构，增加某种义符，使文字繁化，也是战国文字的一个特点。如大禹的"禹"就增加一个"土"字；文采之"文"增加一个"口"字等。

二、业

按：诸说之中，当以释"业"为是。如冯胜君先生所说，[①]何琳仪先生更是明确地认为从双业之字，可与《说文》"业"之古文相互比勘，读为"业"，[②]但读如字，不必理解为"蘖"，且也与前文同义连文——敬奉宗庙之礼为根本，秉承文王之德为基业。

三、显

按：该字用为"显"字无疑。"贵""显"含有对"二后"的称颂之义。《管子·形势解第六十四》："古者三王五伯，皆人主之利天下者也，故身贵显而子孙被其泽；桀、纣、幽、厉，人主之害天下者也，故身困伤而子孙蒙

本文为 2011—2012 年度安徽省哲学社会科学规划项目（AHSK11—12D282）暨 2012 年度高校省级人文社会科学研究项目（SK2012B429）阶段性成果。

① 冯胜君：《读上博简〈孔子诗论〉札记》,《古籍整理研究学刊》, 2002 年第 2 期, 第 11-13 页。

② 何琳仪：《战国文字通论》（订补），南京：江苏教育出版社，2003 年，47 页。

其祸。故曰'疑今者察之古，不知来者视之往'。"《明法解第六十七》："富贵尊显，久有天下，人主莫不欲也。令行禁止，海内无敌，人主莫不欲也。蔽欺侵凌，人主莫不恶也。失天下，灭宗庙，人主莫不恶也。"其中"贵显""富贵尊显"与简文"贵且显"同义。

四、諀

按：此字众位先生俱有所论。孔子在此称"善"是论《诗·小雅·十月之交》表现手法之高超，即用譬喻，委婉含蓄，如"下民之孽，非降自天"，实指人祸。諀，当以释读为"譬"更加恰切，其通假关系，上黄德宽、徐在国先生论之甚详，①兹不赘。他说与《诗·小雅·十月之交》文义或相抵触或较牵强。

五、宛

按：战国文字构形很多时候匪夷所思，有的极端简省，如"为"字，下面只用两横代替；有的叠床架屋，如第11简里的"归"字，"彳"已是义符，还赘加一"止"字，又如《包山》95的"刍"从三个"屮"，《郭店·缁衣》23"息"从两个"自"，不胜枚举。<详参何琳仪先生《战国文字通论》（订补），第213-226页，江苏教育出版社，2003年1月>而在不少文字的书写里也不妨综合运用这两种手段（即简化和繁化），基于这种理念，我们是不是可以这样认为，"小"后的这个字乃是上部"兔"字省简，剩下头，下边是"肉"字繁化？或上边是一"兔"字，下边是两"肉"字？（《容成氏》38简有字从三兔，头皆未省，原考释者李零先生释为"琬"）总之，该字是由两个基本的构字部件组成，即"兔""肉"。如猜想不误，则此字可隶定为"脆"，仍读为"宛"（其间声韵通借关系已有学者申论，于此不复涉及）。如此，便既顾到字形，又虑及音义。

---

① 黄德宽、徐在国：《〈上海博物馆藏战国楚竹书（一）孔子诗论〉释文补证》，《新出楚简文字考》，合肥：安徽大学出版社，2007年，第2页。

六、悉

按：在字形分析上，杨泽生先生所说很有道理。①于竖笔中部加圆点，确是战国竹简文字里的普遍现象，就在第 8 简本简里也是如此，两个"不"及"南"字即是，不过，也不必迁就为"上从年"，当坐实为"禾"字。但是在音义取舍上，我们觉得释读作"危"，理由更加充分，刘信芳先生的例证、申论较为有力地证明这点。②

七、謣

按：权衡众说，我们认为，黄德宽、徐在国先生所释甚是。③二位先生从字形切入，把握形体嬗变，透析造字初谊，当为确定无疑。而且，上博藏楚简二册中《容成氏》第 24 简的"流"字，左边从"水"，右边从"蛊"，其文释为"濸"，即"流"，正相互证。另外，刘钊先生曾经详细分析"流"字的形体演变（《读郭店楚简字词札记》，武汉大学中国文化研究院编：《郭店楚简国际学术研讨会论文集》，湖北人民出版社 2000 年版，第 80 页，第 93 页，注释 11），可资证明。

八、巽寡

按：先看被释为"巽"的那个字原篆下两长横，这是释字的前提。两长横的分布是：所有"为"字；6、7 两简的几个"命"字；《宛丘》的两个"丘"；两个"士"；《墙有茨》的"茨"。对于"丘"和"士"，两长横是组成部分；"为"和"茨"是代表省略；"命"则是毫无意义的饰笔。该字下的两长横属哪一类？我们以为可归于饰笔。因为"为"与"茨"下半部分还有不少笔画，

---

① 杨泽生：《战国竹书研究》，中山大学博士论文，2002 年，第 94-97 页。
② 刘信芳：《孔子诗论述学》，合肥：安徽大学出版社，2003 年，第 157-158 页。
③ 黄德宽、徐在国：《〈上海博物馆藏战国楚竹书（一）孔子诗论〉释文补正》，《新出楚简文字考》，合肥：安徽大学出版社，2007 年，第 3 页。

故以二长横省代；并且，一些下部从"廾"的字象"与"，都没省，此亦证明该字下二长横为饰笔。则字可隶定为"并"，训为"一并""全都"。"寡"从杨泽生先生说，读为"顾"。①

九、黄鸣则困，天谷（欲）反亓（其）古也

按：《诗论》公之于世，同名诗篇归属之争论不在少数。同名诗篇到底是哪篇，这得由诗篇内容和论述背景来定夺。《诗论》中谓《黄鸟》之"困"和"反其古"与《小雅·黄鸟》所显主题十分吻合；再者，孔子在此集中论述《小雅》诸篇，应该不会也不可能把《秦风》中的《黄鸟》拈出相提并论。故此，该篇《黄鸟》属《小雅》无疑。另，"天"原篆即"天"字，考释者当作"而"，不确。应仍为"天"，指造成其"困"的统治者（即"困于天，欲返其故"）。

十、忩

按：我们的意见是，此字释读为"病"，其间关系，刘信芳先生已经论之甚详，②此不复多论。"病"训为"困""贫困"，作使动用法。除了刘先生所举《战国策》中例子外，我们还可以举出《左传·哀公十四年》："孟孙为成之病，不圉马焉。"杜预注："病，谓民贫困。"唐柳宗元《捕蛇者说》"向吾不为斯役，则久已病矣"，仍用此义。且与前后呼应，因"困"而"欲返其故"，"多耻者"使之困苦不堪，才"欲返其故"，后者对之加以补足。

（原载于《古典文献学术论丛》，第4辑，王政，周有斌主编，黄山书社，2016年）

---

① 杨泽生：《战国竹书研究》，中山大学博士论文，2002年，第97-99页。
② 刘信芳：《孔子诗论述学》，合肥：安徽大学出版社，2003年，第266页。

《上海博物馆藏战国楚竹书·周易》（三）札记二则

一、释"𧵥"字

《上海博物馆藏战国楚竹书·周易》（第三册）简 33 "𧵥" 字，濮茅左先生考释："'𧵥'，从人守贝，不声，疑 '负' 字。《说文·贝部》：'负，恃也，从人守贝，有所恃也。一曰受贷不偿。' 简文增声符 '不'，或 '偝' 字。"①该字原篆作 𧵥（33）、𧵥（37），这个字还见于《上海博物馆藏战国楚竹书·曹沫之陈》（第四册，上海古籍出版社，2004 年）简 21，作 𧵥，此文原考释者李零先生也隶为 "𧵥"，在后面括号中括一 "负" 字，由此看来，李零先生与濮茅左先生都认为此字读为 "负"。我们感到这个说法值得商榷。

首先是其字形分析失当（该字的隶定也不准确，原隶为 "𧵥"，实际应该隶为 "𧵥"。关于古文字的隶定，可参李守奎先生《〈曹沫之陈〉之隶定与古文字隶定方法初探》。）②这个字当分析为从 "贝"，"伓" 声，"伓" 的确是从 "不" 得声，倒不如说是 "伓" 字繁文。"𧵥" 字同篇简 48 即是作 "伓"（"伓"，与 "伾" 同……或读为 "背"），赘加义符 "贝" 字在楚系简帛文字字用中恒见，详另文。于此可见原释对此字的分析欠妥。"伓" 字在楚系简帛文字中多

本文为 2012 安徽省教育厅人文社会科学研究项目（SK2012B429）阶段性成果。

① 马承源主编：《上海博物馆藏战国楚竹书》（三），上海：上海古籍出版社，2003 年，181 页。
② 李守奎：《〈曹沫之陈〉之隶定与古文字隶定方法初探》，中国文字学会、河北大学汉字研究中心编：《汉字研究》，北京：学苑出版社，2005 年，第 496 页。

有。除了本篇简 48 外还有《郭店楚墓竹简》7 见，天星观遣策 2 见，《望山楚简》亦有，《上海博物馆藏战国楚竹书·子羔》（第二册）简 10 "画于怀而生"、《上海博物馆藏战国楚竹书·竞建内之》（第五册，上海古籍出版社，2005 年）简 3 "不出三年，钁人之怀（背）者七百里"、《上海博物馆藏战国楚竹书·鲍叔牙与隰朋之谏》（第五册，上海古籍出版社，2005 年）简 4 "怀（背）恋（愿）"等皆有，可以看出，"怀"字是个比较常见的字，其出现的频度较高，是个有比较稳定性构形的字。原释把该字隶定、分析得支离破碎，个人觉得很不可取。在"怀"字的用法中，或读为"倍"如上举《郭店楚墓竹简·老子甲》中"民利百怀"。再如 1973 年湖南长沙马王堆汉墓帛书《五十二病方》："取三指最（撮）一，入温酒一音（杯）中而饮之……"大家知道，《说文》中从"音"的字，好多上边俱写作"不"，从此是否可以这样推测："音"甚或就是由"不"分化而来？如此，"怀"用为"倍"可谓渊源有自。"怀"（"倍"）或通假为"背"。如《上海博物馆藏战国楚竹书·子羔》（第二册，上海古籍出版社，2002 年）简 10 的"怀"用作"背"及上博五的两例，新蔡简的许多"怀"字也都用作"背"。①

再从音理上讲，上博简《周易》考释者对"賏"字的说解也不是没有漏洞的。有清钱大昕之上古没有轻唇音、只有重唇音的说法早已为学界所认同，"賏"字读为"负"在古音方面就过不了关，即将重唇音读为轻唇音，似乎与钱氏轻唇音读为重唇音背道而驰，更不必谈其他方面了。当然作者的态度还是非常审慎的，用了一个"疑"字，没有十分肯定，足见考释者于此字的考释亦未抱太大把握。

最后再谈一下版本的用字问题。该字既释为"倍"，在上博简《周易》中读为"背"，而其他文本读为"负"，这也很好解释，"背""负"同义换用，不论传世经籍还是出土文献，比比皆是，何用例证？

---

① 河南省文物考古研究所编：《新蔡葛陵楚墓》，郑州：大象出版社，2003 年，第 189 页。

二、释"畜"字

《上海博物馆藏战国楚竹书·周易》(第三册,上海古籍出版社,2003年)简20"不耕(耕)而穧(获),不畜之"的"畜"字,马王堆汉墓帛书《周易》作"菑",今本《周易》也作"菑"。原书考释者濮茅左先生未置一词。陈剑先生认为"竹书本的'畜'字跟今本和帛书本的'菑'字当分别作解,'菑'字实为'畜'的误字……在战国文字中'畜'字曾存在一种写作'䌽'或'丝'的异体……"①我们猜测它应是"田"上的"丝"省略一个"糸",即该字事实上是从"田","兹"声,而"菑"与"菑"则完全可以相通,如传世典籍《缁衣》之"缁",郭店简作"兹",这才可讲通,即音近借用。下面试分析之。"畜"字的正体上当是从"玄"作。但是,我们通览楚系简帛文字中"畜"字形体及金文中"畜"字的形体,《楚帛书》丙"畜"作 ;②《九店楚简》五六号墓简39的"畜"作 ;③《郭店楚墓竹简·六德》简15、20的"畜"分别作 、 ;④《民之父母》简14"以畜万邦"之"畜"作 ;《周易》简21"不畜之"作 、简30"畜臣妾"作 ;《上海博物馆藏战国楚竹书·内豊》(第四册,上海古籍出版社,2004年)简3作 (二见)、简5作 及《曹》简21"凡畜群臣"作 ;《上海博物馆藏战国楚竹书·姑成家父》(第五册,上海古籍出版社,2005年)简3、4作 ;金文《秦公簋》之"畜"作 ;《秦公镈》之"畜"作 ;而青铜器《栾书缶》铭'余畜孙书也'之"畜"作 。以上是所有"畜"字的形体,除了《九店楚简》和《上海博物馆藏战国楚竹书·曹沫之陈》(四)简21的形体上部是从真正的"玄"字以外,余皆为从" ",都是相似的,都是上" ",下"田"(《郭店楚墓竹简·六德》

---

① 陈剑:《上帛竹书〈周易〉异文选释》(六则),《文史》,2006(4)(总第77辑)。
② 李零:《长沙子弹库战国楚帛书研究》,北京:中华书局,1985年,第156-157页。
③ 湖北省文物考古研究所、北京大学中文系编:《九店楚简》,北京:中华书局,2000年,第11页。
④ 荆门市博物馆编:《郭店楚墓竹简》,北京:文物出版社,1998年,第70页。

简的从"日","日"与"田"可互作,详他文)。但是,《栾书缶》铭之"🌀"根据铭文语境却只能读为"玄",尽管上边所从都是"🌀",可见,占绝大多数的"畜"是上部从"🌀",而不是从"玄","🌀"与"玄"也许在当时已经混用(《说文》古文"糸"作"🌀"《说文》古文"玄"作"🌀",外形就极为相似)。李守奎先生就曾这样说:"𢆶21—幾,所从'𢆶'是'丝'的省形,简文中不省,作'𢆶'(40、42、43、44等)战国文字中,不少来源不同的偏旁混讹通用,单看'𢆶',是'幺'似无疑,但在不同的文字中,可能是完全不同的偏旁。如在'𢆶'中是'纟',在'𢆶'中是'糸',在'𢆶'中是'丝',在'畜'中是'玄'(李守奎,2003,第783页,21号简作'𢆶'),在'𢆶'中是'率'等"①还有,《郭店楚墓竹简·穷达以时》简10的"丝",其"幾"也从"糸";上博简七《武王践阼》简7的"机"右旁"幾"也是从"幺"。如此,则我们的猜想应可成立,特别是李先生所举的'𢆶'在'𢆶'字中是"丝"及"幾"字中"丝"从"糸",最能证明我们的推测。上博简《周易》中的"畜"字也当是"玄"(或"糸")增"田"这种义符,"玄"又为"糸"之形近字,而"糸"又与"丝"(即"兹")通作,或者,"糸"就是"丝"(即"兹")的省体,因为,古文字中,同一形体往往单复无别。唯此,传世本与出土简本方才讲通。

顺便提一下,对于上边提到的"缶"铭,林清源先生是如此解释:"笔者认为缶铭'畜'字,可能是'玄'字或体,所从'田'旁只有装饰作用而已。例如,'荆'字曾侯乙墓简作'𢆶'形(简75),或增'田'旁作'𢆶'形(简63),战国楚简也多增添'田'旁作'𢆶'(包山208)。《尔雅·释亲》:'曾孙之子为玄孙',《庄子》成玄英疏:'玄,远也。'缶铭的'畜孙'就是玄孙,有可能指曾孙之子,也有可能指辈分更远的子孙。"②林先生只是解释了"畜"

---

① 李守奎:《〈曹沫之陈〉之隶定与古文字隶定方法初探》,《汉字研究》,北京:学苑出版社,2005年,第496页。

② 林清源:《楚国文字构形研究》,私立东海大学中国文学系博士论文,1997年,第247页。

字"可能"是"玄"字或体,然其于"畜"字所从的"糸"与"玄"的关系却未遑论及,殊为缺憾。

(原载于《淮北师范大学学报》(哲学社会科学版),第 38 卷,第 5 期,2017 年)

"王卬（仰）天，句（后）而洨（詨）"解

《上海博物馆藏战国楚竹（四）·柬大王泊旱》简14有句"王卬（仰）天，句（后）而洨（詨）胃（谓）大雫（宰）……"原文如是。其中的所谓"洨"字，原书考释者濮茅左先生这样考释道："'洨'，读为'詨'，呼叫。《山海经·北山经》'其鸣自詨'，郭璞注：'今吴人谓呼为詨……'"（第207页）①

事实上，只要注意审视，我们就会发现这个被释为"洨"，读为"詨"的字应该是"泣"字。试看原字字形，其作 。为了便于比较，我们将之剥离出来。该字有两个部件，一清二楚，左边是 （水），"视而可识"，毋庸置疑。

关键是右旁。右旁是"交"还是"立"？这个 是否为"交"字？我们不妨把"交"（或从"交"之字的偏旁"交"）胪列出来加以对照。

独体的"交"： <《上博简（一）·诗论》3见、《性情论》简25（2见）、简26（4见）、30>、 <《上博简（四）·逸诗》简2>、 <《上博简（四）·逸诗》简3>、 <《上博简（四）·曹沫之陈》简17>、 <《上博简（三）·周易》简11、16、33>、 <《上博简（五）·三德》简11>、 。②

本文为2012年度高校省级人文社会科学研究项目（SK2012B429）及2011—2012年度安徽省哲学社会科学规划项目（AHSK11—12D282）的阶段性成果。

① 马承源主编：《上海博物馆藏战国楚竹书》（一~八），上海：上海古籍出版社，2001—2011年，以下简称上博简，且只注明册序，不复一一注其出版社及出版时间。

② 李守奎编著：《楚文字编》，上海：华东师范大学出版社，2003年，第594页。《楚文字编》收20个与此形似之字。

以"交"为偏旁的字如：🅐（《包山楚简》简 245）①、🅑②、🅒 <《上博简（四）·采风曲目》简 1 >、🅓 <《上博简（六）·用曰》简 12 >……不一而足。

综观上面所揭"交"（或从"交"）字形体，可以归纳出它们有一个共同的特征："亠"形下的笔画呈交互纠结状，或有二结，或具三结，都是相互交结。而"立"字呢？独体的"立"字，我们试对上简博一到六做初步检视，发现：🅔<《上博简（一）·诗论》2 见>、🅕<《上博简（一）·缁衣》3 见>；🅖<《上博简（二）·从政》简 13、《上博简（二）·容成氏》简 7（2 见）、9、13、23、26、29、30、37、38、40、49 相类>；🅗<《上博简（三）·中弓》简 23、24（2 见）>、🅘 <《上博简（四）·柬大王泊旱》简 1 >、🅙<《上博简（四）·内豊》简 1、8 >；🅚<《上博简（四）·曹沫之陈》简 24>；🅛 <《上博简（五）·季庚子问于孔子》简 8 >；🅜 <《上博简（五）·三德》简 10 >；🅝 <《上博简（六）·庄王既成　申公臣灵王》简 5 >；🅞 <《上博简（六）·用曰》简 18、19>……举不胜举。以上是独体的"立"字。再看一些以"立"为偏旁的字，其"立"字形体：🅟<《上博简（二）·容成氏》简 7>、🅠<《上博简（四）·曹沫之陈》简 50>、🅡<《上博简（五）·季庚子问于孔子》简 23……>。这些"立"字也是大同小异，都是"大"下放一横。最有说服力的是上举《柬大王泊旱》简 1 被考释者自己释作"立"的字，我们不妨把被释为"洨"，读为"詨"的字的右旁割裂出来，再使之与此相互比对：

🅢《柬大王泊旱》简 1
🅣《柬大王泊旱》简 14 所谓"洨"字右旁

我们可以清楚地看到，它们是何其相似乃尔！所异者只为做偏旁必须稍微瘦削！通过以上全面分析，我们完全可以做出如下结论：被释成"洨"的

---

① 湖北省荆沙铁路考古队编：《包山楚简》，北京：文物出版社，1991 年。
② 李守奎编著：《楚文字编》，上海：华东师范大学出版社，2003 年，第 28 页。

字,原来应该释作"泣"。非常巧合的是《上博简(三)·周易》简11恰好就有"洨"字,其形作㳄,再把它与《上博简(四)·柬大王泊旱》简14的㳄比较。原释的不妥便昭然若揭,同时也反证我们所释不误。

字形考释问题解决了,全句的句意怎么理解?

我们知道,按照原考释的释读,玩味句意,总是感到别扭,"王卬(仰)天"还算勉强,后面"句(后)而洨(詨)胃(谓)大宰(宰)……"百思不得其解。我们提出如下解决方案。我们觉得如果将句中的"句"("后")与"而"这两个词序颠倒一下,我们觉得会出现两种绝句情况:其一,依照原考释者的句读,则为:"王卬(仰)天,而句(后)泣胃(谓)大宰(宰)……";其二,我们新做的断句:"王卬(仰)天而句(后)泣,胃(谓)大宰(宰)……"两种句读重新整合,经过反复吟读,我们会感觉比原考释的要流畅得多,而且在表达"柬大王"的形象、性格(温柔敦厚而非大呼小叫、情感真挚而非虚伪奸诈、勇担责任而非推卸责任)方面都要比原考释、原句读恰切许多。而且,"而后"这一连接词语在楚简中习见,如"埅(禹)民而句(後)𤔲(亂)之,湯不易桀民而句(後)詞(治)之,聖人之詞(治)民,民之道也""智(知)命而句(後)智(知)道,智(知)道而句(後)智(知)行""十之方靜(爭),百之而句(後)甫(服)"(《郭店楚墓竹简·尊德义》简6、9、27,文物出版社,1998年);"又(有)迨(地)又(型)型(形)又(有)聿(尽),而句(后)""又(有)生又(有)智(知),而句(后)好亚(恶)生"(《郭店楚墓竹简·语丛一》简6、8);"凡人唯(虽)又(有)生(性),心亡正志。寺(待)勿(物)而句(後)乍(作),寺(待)兑(悦)而句(後)行,寺(待)習而句(后)奠。"<《上博简·性情论》(一)简1>;"凡憂(忧)思而句(後)悲,樂思而句(後)𢙁(忻)。"(《上博简·性情论》(一)简19、20同郭店简《性自命出》);在《上博简(五)·三德》简1等中也有,如"卉木须旹(时)而句(后)奋(奋)",此可为证。我们做出这般微调,不是没有根据的。谁都知晓,在记录口授、传抄文典、创作撰述时,言不达意经常出现；添、漏、误、倒往往发生。关于语序颠倒如《上博简（三）·周易》简随卦就有："上六：系而敏（扣）之……"同一文句，马王堆汉墓帛书《周易》作"尚九〈六〉：枸系之……"今本《周易》作"上六：拘系之……"用字不同，今暂不论，词序确实颠倒，但是意义全同。此可佐证我们所做释读。

我们做出这般微调，不是没有根据的。谁都知晓，在记录口授、传抄文典、创作撰述时，言不达意经常出现；添、漏（如郭《性自命出》说："憗游哀也，杲游乐也，訧游声，嚣游心也。"从句式上看，本人以为，第三句当是脱了个"也"字）、误（详另文）、倒往往发生。关于语序颠倒如《上博简（三）·周易》简随卦就有："上六：系而敏（扣）之……"同一文句，马王堆汉墓帛书《周易》作"尚九〈六〉：枸系之……"今本《周易》作"上六：拘系之……"用字不同，今暂不论，词序确实颠倒，但是意义全同。同句的"从乃"也一样属于这种情况，因为马王堆汉墓帛书《周易》与今本《周易》俱作"乃从"。又刘钊先生认为："'君子身以为主心'一句字序抄写有误，正确的应作'君子身以心为主'。"①

还有"'义士之所存'语意欠通，疑本作'仁义'，'仁'字讹为'仕'，又误倒转写成'士'。"②（上海古籍出版社，2006）此可佐证我们所做释读。

❹字还有其他理解。周凤五先生云："简文'而'字与'天'无别；'呼'字从口，从虎省声，上端虎头省略，仅保留下端的'人'形，不同于一般所见，这些都须参酌上下文意来判断，不能一味拘泥字形。简文此处应读作'王仰而呼天，泣谓太宰'……"③季旭昇先生指出'不得释"句"'是对的，但

---

① 李守奎：《楚文字编》，上海：华东师范大学出版社，2003年。
② 李学勤：《从郭店简〈语丛四〉看〈庄子·胠箧〉》，《简帛》第一辑，上海：上海古籍出版社，2006年。
③ 周凤五：《上博四〈柬大王泊旱〉重探》，《简帛》第一辑，上海：上海古籍出版社，2006年。

其疑为'啕'之异体。①杨泽生先生则认为："我认为应该隶写作'吟'或'含'……"②我们在此提出一种新的释法。我们认为是"临"字之省，省去相同偏旁。"临"字战国楚系简帛中作"🗚、🗚<上博简（五）《弟》简9>又作🗚<上博简（六）《慎》6、《包》33>，也作🗚（《包》79）、🗚。🗚字当是上面的省形（特别是上博简省得非常厉害）。且释"临"字于文句也通，可断句为："王印（仰）天，临而泣，胃（谓）大𠫤（宰）……""临"字《说文》："监临也。从卧、品声。"引申为"落泪"。

（原载于《汉语言文字研究》第二辑，安徽大学汉字发展与应用研究中心编，上海古籍出版社，2018年）

---

① 此文写出后，网上季旭昇先生（《〈上博四·柬大王泊旱〉三题》，简帛研究网站（http://www.bsm.org.cn/，发布日期：2005年2月15日；引用日期：2018年9月）亦将该字释为"泣"字，可谓不谋而合，不敢掠美，附记于此，权作其文补充。

② 杨泽生：《读〈上博四〉札记》，《古文字研究》第二十六辑，北京：中华书局，2006年，第338页。

楚系简帛文字字用研究的学术价值

战国文字研究于古文字研究的时间序列中进行较早，可以追溯到汉代。近年，因为考古发现及大批古文字材料整理，尤其是许多楚系简帛文字资料的面世，如影响较大的几个批次：包山楚简、郭店楚墓竹简、上海博物馆藏战国楚竹书、清华简、安徽大学简等；帛书则是指20世纪40年代长沙子弹库出土的楚帛书。这些使得战国文字研究能够得到全面开展，该方面的研究成果使得楚系简帛文字研究成为目前古文字研究主流。何琳仪先生说："在战国文字研究的领域中，仍然有许多未被开垦的荒原。不但考释战国文字大有可为，而且战国文字其他方面的研究，也亟待有更多的研究者共同努力。"[①]楚系简帛文字字用研究即为其中之一。

文字作为语言的最为重要的辅助、扩大与完善语言交际作用的工具，由于使用，必然会出现种种情形，对此，不少学者很早就已关注。

字用，即文字的使用，一方面包括文字在书写实践中的具体运用，另一方面，也包括文字在使用过程中所凸显出来的诸多现象与其所包蕴的规律，甚至包括文字在具体使用之后的沉积与它们所表现的各种各样的实际情况。[②]

许多学者在著述里谈到字用，然而尚需拓展，像体系构建、纵深发展等略嫌不够，特别是在目前汉字（涵盖现代汉字）字用研究取得丰硕成果的大环境中来探讨战国楚系简帛文字的字用，颇具不可忽视的学术价值，具体地

本文为国家社会科学基金项目"楚系简帛文字字用综合研究"（18BYY136）阶段性成果。

① 何琳仪：《战国文字通论》（订补），南京：江苏教育出版社，2003年，第311页。
② 张通海：《楚系简帛文字字用研究》，安徽大学博士论文，2009年。

讲，约略有以下几个方面。

一、考释文字

在所有古文字的研究中，古文字考释的重要性非常之大，李学勤先生就指出："出土文献的研究工作最基础的还是考释文字。考释工作是工作重心，必不可缺，不认识字是很危险的，目前考释文字已经取得了许多成果。但同时，这也反映了新出土文献实在太多了，当前对出土文献的研究主要还处于考释文字阶段。不能正确考释文字，建立的推论恐怕很危险，很成问题。这也使我们认识到必须进一步作文字考释，认识到战国文字研究有必要进一步深入发展。"①在字用的研究中，通过透析、归纳、综合，总结出战国文字的字用特点和规律性的现象，再运用这些字用特点和规律性的现象去考释或者补正一些误释。事实上，许多学者也凭借这些方面来考释一些疑难字或辨正一些误释。例如，黄德宽、徐在国二位先生对"𠂆"字的考释："唐9有字作'𠂆'，原书未释。我们认为此字从'宀'从'瓜'，应隶作'宆'……𠂆字所从'𠂆'与'狐'字所从'瓜'形同，应释为'瓜'。简文'宆寞'是舜的父亲，传世典籍作'瞽叟'或'瞽瞍'。'宆'字不见于后世字书，应分析为从'宀''瓜'声。古音'瓜''瞽'并为见纽鱼部，故'宆'字可以读为'瞽'。"②二位先生首先通过对"宆"字的构形进行分析，坐实该字，从而释出原书缺释的字。再如："《尊德义》14有'㞢'字，原书未释。我们认为此字当释为'只'，字在简文中读作'技'……本简㞢字，乃由㞢稍变，故可释为'只'，读作'技'。"③这个考释是就字形略微变化后，细心观察，深思

---

① 李学勤:《李学勤先生在清华大学"新出楚简与儒学思想国际学术研讨会"上的演讲》.[EB/OL].[2018-11-20].http://www.tsinghua.edu.cn/publish/cetrp/6842/.
② 黄德宽、何琳仪、徐在国:《新出楚简文字考》,合肥:安徽大学出版社,2007年,第8-9页.
③ 黄德宽、何琳仪、徐在国:《新出楚简文字考》,合肥:安徽大学出版社,2007年,第19页.

熟虑，释出原书不曾考释出来的缺释字。又如："'大'前一字简文作㚔，从'贝''臧'声，'藏'字或体。《郭店·老子甲》（六）藏字作㽙，《太一生水》（六）作㽙可证。古音藏，从纽阳部；将，精纽阳部。故'藏'可读为'将'。《楚辞·九怀》：'辛夷兮挤臧。'《考异》：'臧，一作将。'"①这里从异体字角度来加以考释，再从音理上进行论证，天衣无缝。又如黄德宽先生对"鬼"的考释："按：释文认为'说'是古代求雨祭祀的一种，甚是，但'视'字释文可商。其字作'鬼'，从示无疑。被隶作'见'的部分，就形而言自然也有道理，但读作'视'，文辞不通。我们以为此字当分析为从'示''鬼'声，即'鬼'之异文。一是'视'字在郭店、上海简中均从目、从人，与'视'之别在'人'之腿部的弯曲与否，这已是大家的共识，尚未见从示的'见'。二是此字的写法与郭店简《老子》乙之'畏'作'鬼'，本书《民之父母》中的'威'作'鬼'，构形非常接近，不同之处在于一作鬼头，一作目。其实古文字中'目'写作'田'司空见惯，本书之'胃'多次出现或作'多'，或作'多'。这种写法在本书中有其对应性，《民之父母》'胃'作'多'，则'威'作'鬼'（十三简），因此，我们有理由认为此处所谓的'视'，与《民之父母》的'威'和《老子》乙的'畏'是一个字的不同写法和用法。陈贶簋'恭盟鬼神'之'鬼'也从'示''鬼'声，故可将此字读作'鬼'。如此，此简意谓'庶民只知道求雨而事鬼神，却不知道刑与德'，文意通畅明白。"②黄德宽先生依然是先紧紧扣住字形，比对分析，然后层层剥笋一般，准确考释出这个原书错释的"鬼"，令人信服。这一考释已经得到学界的普遍认同。

从字用的不少方面反过来对许多疑难字进行考释，乃是目前古文字尤其是战国文字的考释中被较为普遍地采用的并且也是一个行之有效的重要途径。

---

① 黄德宽、何琳仪、徐在国：《新出楚简文字考》，合肥：安徽大学出版社，2007年，第96-97页。

② 黄德宽、何琳仪、徐在国：《新出楚简文字考》，合肥：安徽大学出版社，2007年，第150页。说明：以上是三位不同学者的不同篇章，收在同一部文集（《新出楚简文字考》）中。

二、校勘经典

　　古典文献的承传有两个途径，一个是传世文献，一个是地下埋藏的典籍经由发掘而形成出土文献。前者在流传过程中由于种种原因，比如兵燹、火烧、水淹、风吹、日晒，在接近文本原貌方面大打折扣。而由地下发掘出来的简帛文本则不曾遭受天灾人祸，未曾经过人为窜改，是极为可靠的文献。正因如此，其在对于经籍校勘中具有无比重要的作用与价值。不少典籍，既有传世本，也有出土本，因为流传方式不同，其出现在世人眼前的面貌也异。运用"二重证据法"，通过字用规律的推演，我们便可发现不同的传本之间方方面面的差异，从而能对文本进行正确地阐释，还文本一个庐山真面目。刘钊先生说："透过对出土古籍中用字习惯的考察，可以对传世古籍中的许多问题进行重新的分析。常常是传世古籍中一些长期得不到解决的问题，古本一经出土，透过对读，问题就会顿时化解。"①其意义可见一斑。濮茅左先生也说："通过楚竹书《周易》与其他出土文献、传世文献的比较研究，可以看到不同历史时期的用字情况，也能使我们在考释中客观地采纳本字说，或通借说，从而对卦爻辞能有更准确的解释。"<上博简(三)《周易·说明》，第134-135页>在当今战国文字研究十分火热的情况下，特别是战国楚系简帛文字的研究尤其火爆，相互比勘进行研究的学者与著述都很多，②今试举数例。

　　如对"奊"字的释读，黄德宽先生曰："注释读'奊'为'系'非是。《礼记·孔子闲居》《孔子家语·论礼》此字均作'倾'，'奊'为'倾'之通假字。'奊'，古音为匣纽支部，'倾'为溪纽耕部，声纽同系，韵部为阴阳对转关系。《礼记·祭义》：'故君子顷步而弗敢忘，''顷'《经典释文》'读为跬'，'跬'属溪纽支部；《说文解字·言部》：'謑'或作'謥'，从奊声。'奊'：《说文》谓'从圭声'，'圭'属见纽支部。凡此均可证'奊'读为'倾'。'倾

---

① 刘钊：《出土简帛文字丛考》，台北：台湾古籍出版有限公司，2004年，第271页。
② 李天虹：《郭店楚简〈性自命出〉研究》，武汉：湖北教育出版社，2003年。

耳而听'为先秦常语，读'系耳'则不合常理。两'见'字，原简均写作从目从人（直立），这种写法由郭店简与上海博物馆所公布的简文看，均应读作'视'。《孔子闲居》《论礼》作'正明目而视之，不可得而见也'，表明第一字应释作'视'，第二个'见'当承上字'视'之形而讹写。"①在本篇中还有对"朢""奢"等字的解释都堪称精妙。再如"'穴熊'《帝系》作'内熊'，由新蔡简不仅可以证实'内'为'穴'的形误，而且首次以地下出土数据证明文献记载的可信，意义非常重大"②。

上博简（三）《周易》简24"𩇓（弗）经于北湝（颐）"："𩇓"，《说文》所无，马王堆汉墓帛书《周易》作'柫'，今本《周易》作'拂'，阜阳汉简《周易》作'弗'，读为'弗'。"原考释者濮茅左先生虽作如此释读，却未加阐明，今试补充。徐在国先生曾说："按：此字作者隶作从'弜''隹''心'，是正确的。'弜'字似应从王国维之说为'柲'之本字。《说文》'弼'字古文或作'𢐁'，学者多认为'弜'是声符。'弼'字也以'弜'为声符。'弼''拂'二字古通，例极多。详见《古字通假会典》第602页。上古音'弗'为帮纽物部字，'惟'为喻纽微部字，'物''微'对转。此字当是一个双声符的字，'弜''惟'均是声符，与'柫''弗''拂'为通假关系。"③

以上诸说，或从形讹论证或就通假说解，俱以字用中出现的情况具体对待，从而使得不论是出土文献还是传世文献都可解释得通。

三、阐释文化

语言文字是文明、文化的载体，而其本身又包孕博大精深的文化，透过

---

① 黄德宽、何琳仪、徐在国：《新出楚简文字考》，合肥：安徽大学出版社，2007年，第143-144页。
② 黄德宽、何琳仪、徐在国：《新出楚简文字考》，合肥：安徽大学出版社，2007年，第264-265页。
③ 黄德宽、何琳仪、徐在国：《新出楚简文字考》，合肥：安徽大学出版社，2007年，第194-195页。

这个载体,我们完全可以读出那个时代的许多信息。以战国楚国文字为例。

第一,大量的儒家典籍在楚地发现,这说明当时文化传布超越地域限制,在动荡不安的政局,交流依然频仍。裘锡圭先生如是说道:"春秋战国之间是汉字剧烈变化的时代。曾侯墓明确属于战国早期,所出大批文字数据,对于汉字发展史尤其是古文字的研究,具有很高的价值……正如曾国跟楚国在政治上的关系一样,在战国初期,曾楚二国文字的关系也非常密切。前面提到过的'坪'字的写法是相当特殊的,而在曾楚二国文字里都有这种写法。这显然不是偶然巧合,而是彼此影响的结果。"①不单是楚曾二国,楚人接纳中原文化的同时,中原也同时受到了楚文化的影响。这种双向的文化互动,共同融会了中华的文化、文明。如《九店楚简》与《睡虎地秦简》中或相同或近似的内容,最能证明这点。

第二,商人重迷信,战国时楚人也是如此,在数量众多的楚系简帛文字中,许多字赘加了"示"字,其中之一就是表示对先人、神祇、鬼怪的称谓及对神祇的虔诚与敬畏,这极能说明问题,而这也可与传世的典籍如《楚辞》等作品相互印证。《天问》实即"问天",是因为"天大,地大",由于礼敬"天地",所以名篇《天问》。

第三,在以楚国故地为主的广袤大地上,大面积地发掘出量大面广的楚国文字,这些文字总的来说大同小异,很是具有"楚系文字"的独特性状。我们据此是否可以做出这样的猜想:楚国大约在文字书写方面作过规范化的举措,可能是力度远远不够,所以没有最终形成"书同文"的局面,或者是没有等到这个日子来到,便已被秦人的"强弩利箭"摧垮了,在这个基础上,秦始皇统一中国后,"书同文"更是大势所趋。

文字的使用一如作品的创作,总是打上主体的烙印,不管主体能够保持多么地冷静,在客体上一定会流露出主体诸多因素。无怪乎清代的学者刘熙

---

① 裘锡圭:《古文字论集》,北京:中华书局,1992年,第414-415页。

载在《艺概·书概》中这样写道:"书者,如也。如其学,如其才,如其志。总之曰:如其人而已。"文字的使用可以反映文字使用者的多方面信息,透过战国文字字用的各个方面的研究,不少文化现象可以得到合理、科学地阐释。如"新蔡简出现了一个'老童、祝融、鬻酓'的组合,而'鬻'从'示'不从'女',表明了'示'或'女'是义符,这与老童的'童'有时作'僮'、又作'禈'(望山120)、'嬞'(甲三:268;乙一:22)是一样的,从'示'表明作为祭祀对象,就像将'楚先'的'先'加义符'示'一样(甲三:268),从'女'与从'人'无别,也可能从'女'表明这位楚之先祖当系'女性',而新蔡简的'穴熊'共七见,其中从'土'的三见,这表明从'土'是附加的义符。新公布的上博所藏楚简《周易》56号简'取皮才空',后一字马王堆帛书、今本《周易》都作'穴',也是一个有力的证明。"①

在战国文字中,出现不少以"竹"为义符的字,这些字是如何产生的?又为什么会出现这些字?黄德宽先生同样做了中肯的解答:"在战国文字中涌现了一批新的形声字,其中许多是形声同取类的。如'竹'部的'箭'等,这些从'竹'的形声字,大多见于楚系文字,盖因南方竹器流行,故以'竹'为形符而构成一批专用形声字。"②其他类似的现象也可以如此解释。

四、佐证上古汉语的研究

"语言文字都带有工具性,也就都存在本体结构和使用功能的关系问题。语言研究重本体结构,转向重使用功能;文字研究也应在重视本体结构的同时,关注使用功能问题,否则,许多结构问题也难以认识清楚。"③同样,语

---

① 黄德宽、何琳仪、徐在国:《新出楚简文字考》,合肥:安徽大学出版社,2007年,第268-269页。
② 黄德宽:《古汉字形声结构论考》,吉林大学博士论文,1996年,第8页。
③ 臧克和:《楚简萃德与"割申"、"周田"联系及相关问题》,《古文字研究》第二十六辑,北京:中华书局,2006年,第291页。

言层面的不少东西,如上古音、上古词汇、先秦楚地方言使用等,皆可以经由文字字用方面的探讨得到解决,即在字用中考虑其所发生的各种现象,然后对之归纳,把握其实质与规律,不少问题即可迎刃而解。

张振林先生说:"从西周后期至战国时期,是汉字偏旁逐渐成熟、有意识使某些字离开它的语音,仅带着部分意义,充当意类符(偏旁之一)去造新字,造成形声字激增的时期……考虑到铜器铭文内容用字的限制,如果再把战国时期的盟书、竹简、帛书上的文字联系起来观察,则可以进一步发现,除了手部、山部字仍少外,车、马、糸、衣、竹、木、隹、鸟等部的字也是非常多的……汉字大量的孳乳衍生,靠的是形声法,是人们根据表达语言记录语音的需要,按照意义类属,选择了相应的意类符,然后可任意选择一个同音字(通常多取较简单而常用的同音字)结合而成新字。因此,在汉字构成方面起着关键作用的是意类符的形成。也作偏旁的音符,原本是同音的假借,没有加上意类符时,它就相当于假借字,因此它在语音学上有极重要的意义。"①

再如,"西周时期使用借字'才'或'戈',春秋战国时期出现'哉'或'𢦏',就明显表现出人们有意识使用偏旁为语气词造专字。用口旁加音符造的'嘑''哉''啓',作为语气用字,在春秋战国期间出现,这个时期既是汉字偏旁迅速发展成熟期,又正是语气词长足发展,要求相应的文字记录它,以避免单字借用过多而产生意义混乱的时期,也决不是偶然的。"②

还有,"郭店简和上博简中用为虚词'矣'的字有以下几个:①矣,这是最普遍的用字,字形结构也与《说文》小篆相同。②悆,此字大多数用为疑惑之'疑',但在郭店简《成之闻之》中,虚词'矣'都用此字来表示。③

---

① 张振林:《浅论铜器铭文形式上的时代标记》,《古文字研究》第五辑,广州:中山大学出版社,1981年,第69页。
② 张振林:《先秦古文字材料中的语气词》,《古文字研究》第七辑,北京:中华书局,1982年,第306页。
③ 张富海:《说"矣"》,《古文字研究》第二十六辑,北京:中华书局,2006年,第502页。

以上数例,或从文字构形方面探讨词汇语义,或就新字产生研究词汇发展,或借音理论说字词使用,无不依托古文字来完成。

五、有助《说文》古文构形说解

许慎《说文解字》收录的古文应该属于战国文字,①曾宪通先生明确指出："《说文》古文广泛存在于楚系文字之中。"②许氏《说文解字》于正文中首先列出文字小篆形体,次对所收文字加以说解,最后在有些有古文(共有五百多个)的文字之后又附上该字的古文形体,然而对古文构形未置一辞,知晓《说文》古文来源、性质,那么《说文》古文的不少构形方面的问题便不难解决,兹举几例。

1.牙

"层,牡齿也。像上下相错之形。凡牙之属皆从牙。䯰,古文牙。" 此古文是赘加了"臼",这在战国楚系简帛中也是常有的,如上博简(一)《缁衣》6《君牙》之"牙"、上博简(三)《周易》23 的"牙"、上博简(五)《竞建内之》多见的"鲍叔牙"之"牙"与上博简(五)《鲍叔牙与隰朋之谏》"易牙"之"牙"、《曾侯乙墓》第 165 简之"牙"皆作"䯰"③(陈伟武先生以为是"牙"的专字)④,与《说文》古文全同,他如郭店《六德》简 41 和简 42、上博简(一)《孔子诗论》5、上博简(三)《中弓》23 的"本"字也加"臼"。

---

① 裘锡圭:《文史丛稿》,上海:上海远东出版社,1996 年,第 141 页。
② 曾宪通:《三体石经古文与〈说文〉古文合证》,《古文字研究》第七辑,北京:中华书局,1982 年。
③ 马承源主编:《上海博物馆藏战国楚竹书》(一~六),上海:上海古籍出版社,2001—2006 年。
④ 陈伟武:《新出楚系竹简中的专用字综议》,《新出楚简与儒学思想国际学术研讨会论文集》,2002,第 215 页。

2. 舌

"圅，塞口也。从口，圅省声。圅，古文从甘。"古文字从"口"旁可与从"甘"旁相通，如"味"字作"哶"（郭店《老子》丙5），而在上博简（二）《容成氏》21、上博简（六）《孔子见季桓子》26作"圅"。

3. 册

"册，符命也。诸侯进受于王也。像其札一长一短、中有二编之形。凡册之属皆从册。篇古文册从竹。"缀加"竹"也是楚系简帛文字中常见的一个增益偏旁，如"志"字作 <上博简（五）《季庚子问于孔子》7 >。古人"书于竹帛"，故诸多与"竹"有关之字，多加"竹"旁。此古文"册"字在象形基础之上增益一"竹"旁以足义（另，"𥳑，扫竹也。从又持甡。𥳑，彗或从竹。篁，古文彗从竹、从习。"古文"彗"从"竹"、从"习"作"篁"同之；籆，古文"典"从竹，也如此）。

4. 仆

"僕，给事者。从人、从菐，菐亦声。僕，古文从臣。""楚简'仆'字，在西周金文从'人'旁的基础上，再添加'臣'旁借以彰显奴仆义……《说文》'仆'字小篆从'人'作'僕'形，古文从'臣'作'僕'形，可以跟楚简写法相印证。"[1]"'保'下一字，其下部从'臣'，与《说文》'仆'字古文从'臣'相合，故释为'仆'。"[2]古文字中从"人"与从"臣"可以互作，所以，战国楚系简帛文字中表示"附属、臣仆"意义的字可加"臣"旁。

---

[1] 林清源：《楚国文字构形研究》，台中：东海大学，1997年，第84-85页。
[2] 荆门市博物馆编：《郭店楚墓竹简》，北京：文物出版社，1998年，第114页。

5.兵

"䘸,械也。从収持斤,并力之皃。㑵,古文兵从人、収、干。㝃,籀文。"古文"兵"从"人"、从"収"、从"干","干"与"斤"皆为武器,在用作偏旁时表示同一义类,可以构成异体。战国楚系简帛文字中即有增益"人"旁的做法,如"兄""弟""长"等即是从"人"增繁。所以"兵"字异构可作"㑵"。

6.谋

"䜌,虑难曰谋。从言、某声。㻺,古文谋。㛮,亦古文。"李学勤先生说:"'㛮'即'谋'字,可参照说文'谋'字古文'㠯'或'㛮',均从'母'声。"①在战国楚系简帛文字中,从"言"、从"口"可互作,如"诗"字,既从"言"作"訡"<上博简(一)《孔子诗论》1>、"䛨"<上博简(二)《民之父母》1>,也从"口"作"吿"<上博简(二)《缁衣》中"诗"字皆如是作>,还作"哃"<上博简(二)《民之父母》8等)>。

六、结语

楚系简帛文字字用研究伴随战国文字研究的全面深入而得以逐步展开,很多学者就这个领域的诸多层面又进行辐射式研究。本文将楚系简帛文字字用研究的学术价值从其对文字之考释、经籍之校勘、文化之阐释、上古汉语研究之帮助、《说文》古文构形之说解几个方面加以探讨,以凸显这一方面研究在整个战国文字研究中的重要学术价值。

(原载于《淮北师范大学学报》(哲学社会科学版),第39卷,第6期,2018年)

---

① 李学勤:《〈程寤〉、〈保训〉"日不足"等语的释读》,《清华大学学报》(哲学社会科学版),2011.26(2)。

近出楚简中的语气词考察

近些年来，随着大批战国楚简的面世、整理，出版了为数可观的战国楚简方面的书籍，这些书中的很多简文，有许多是传统典籍中所没有的，弥足珍贵；更有不少可以见诸传世典籍，可与它们对读，从而校正传世典籍在流传过程中的舛误，以还其庐山真面目。对这些出土文献的研究，首先是文字方面的考释，众多其他方面的研究也因此得以相继展开。但是，相较于别的方面的研究，从词的分类角度去进行探讨似乎显得薄弱，尤其是语气词这一方面的研究更是如此。

古文字中语气词的研究，早已就有学者涉及[①]，然而角度不同，结论也不同。这篇小文便就语气词方面做一些探讨，期望方家不吝赐教。

一、近出楚简中的语气词分类考察

1.句首语气词

句首语气词是用在句子开头的语气词，有提出希望、引发议论、显示推测等方面的含义。

（1）唯。

"唯"用在句子开头，表示希望等语气，如"唯……"<上博简（二）《鲁

本文为国家社会科学基金项目"楚系简帛文字字用综合研究"（18BYY136）阶段性成果。

① 张振林：《浅论铜器铭文形式上的时代标记》，《古文字研究》第五辑，广州：中山大学出版社，1981年。

张振林：《先秦古文字材料中的语气词》，《古文字研究》第七辑：北京，中华书局，1982年。

邦大旱》1，第 204 页>①

（2）叀。

"'叀'，语气词,同'惟'。'叀'作为语气词，在甲骨文中与'隹'并见，金文则少见，古书偶用之，字作'惠'。"<上博简（八）《有皇将起》简 1，第 273 页>

（3）殹。

句首语气词，作用相当于"惟"。②

如"殹将有役。"<上博简（九）《卜书》6，第 298 页>清华简（一）《耆夜》5 有"殹民之秀"与此同。③

（4）虞。

如"虞，即《说文》'䖒'字，用为句首感叹词。"<清华简（一）《耆夜》注释 16，第 153 页>

（5）夫。

作为句首语气词，比较多见。"夫"常常用作提示下文将发议论，所以古人又称为"发语词"。

如清华简（八）《治邦之道》19："夫如是，民非亓（其）所能，则弗敢言……"

（6）氿。

"氿，句首语气词，疑读为'遹'或'聿'。"<清华简（三）《周公之琴舞》注释〔一五〕，第 135 页，该字在同篇第 12 简写作"仡">

---

① 马承源主编：《上海博物馆藏战国楚竹书》（二），上海：上海古籍出版社，2002 年。为节省篇幅与称引方便，文中简称"上博简+序号+篇名"；另，出自该系列书籍的其他引用亦如此称述，不再一一注明。

② "'毉'，从'攴'，'医'声，'殹'之异体，见于《清华壹耆夜》简五、《上博八志》简三。'殹'读为'繄'，句首助词，相当于'惟（维）'。"（安大简（一）《诗经·何彼襛矣》注释 8，第 97 页）

③ 清华大学出土文献研究与保护中心编，李学勤主编：《清华大学藏战国竹简》（一），上海：中西书局，2010 年。同样，其他引自该系列之文字亦仅注"清华简+序号+篇名"，不复单注。

（7）已。

"已，语气词。《书·康诰》：'已，汝惟小子，乃服惟弘。'又见《大诰》、大盂鼎等。"<清华简（三）《周公之琴舞》注释〔二六〕，第137页>

（8）亓（即"其"）。

如清华简（三）《周公之琴舞》"亓余冲人"，注释〔六一〕："其，句首语气词。"（第140页）

（9）载。

如清华简（三）《芮良夫之毖》"载圣（听）民之䚻"，注释〔九〕："载，句首助词。"（第148页）

"载"用作语气词，在传世典籍里也比比皆是。

（10）朓。

"朓，读为'遹'或'聿'，句首语气词。"（清华简（三）《周公之琴舞》注释四八，第139页）

（11）式。

"式，句首语气词。"<清华简（三）《周公之琴舞》注释〔六七〕，第140页>

"式"作为句首语气词，这是不论出土文献还是传世典籍所共同的。

（12）者鲁。

如"者鲁，亦见于清华简《厚父》等，双音节语气词。"<清华简（八）《四告》注释〔一〕，第111页>

2.句中语气词

句中语气词通常用在句子中间，表示短暂停顿，表示舒缓语气。

（1）虘。

"虘"相当于"乎"。

如"于是虘不赏不罚""于是虘方圆千里"<上博简（二）《容成氏》4、7>

（2）也。表示句子中间的短暂停顿。

如上博简二《子羔》9："孔子曰：善，而（尔）昏（问）之也旧矣。"；又，上博简（二）《子羔》13："三王之乍（作）也女（如）是。"

再者，这种语气词似乎还可以理解成引出主语的作用，如上博简（九）《史蒥问于夫子》1："蒥也，古齐邦豨吏之子也。"例中前一个"也"便是。

（3）亓（即"其"）。

如上博简（二）《容成氏》48："吾所知多鹰（尽），一人为亡道，百眚（姓）亓可（何）罪？"

"亓"似乎可以有两种理解：一是用作句中语气词，表示短暂停顿，第二种理解就是加强反问语气。另外，原考释者也承认"一人"是纣王，但是此句是不是还可以这样断句："吾所知多，鹰（尽）一人为亡道，百眚（姓）亓可（何）罪？"如此句读，更能表达说话人的情感。上博简（九）《举王治天下》（五）8："公亓（即"其"）聿之。"这个"亓"（即"其"）应该为句中语气词，起舒缓语气的作用，可以理解成"最好""还是"等。

（4）殹。

如上博简（八）《志书乃言》3："我殹忌韦（讳）。"

句中之"殹"，相当于"也"，用在句中，表示短暂停顿，起着舒缓语气的作用。

（5）其。

"'我其杀之'，'我其已，勿杀'是相对独立的卜辞。特别是'我其已'，与殷墟甲骨卜辞格式一致，参看李学勤《释'改'》(《中国古代文明研究》第10120页，华东师范大学出版社，2005年）。"<清华简（三）《说命上》注释17，第123页>

句中"其"为句中语气词，这种用法渊源有自，值得注意。

（6）思。

如清华简（三）《周公之琴舞》"达（逐）思滔（忧）之"，注释〔五六〕："思，句中语气词。"（第139页）

3.句末语气词

句末语气词相对于句首语气词和句中语气词要丰富、复杂得多。根据目前所能看到的材料，可以做如下分析。

（1）虗。此字大多数情况下用作"吾"，而在用为句末语气词的时候，相当于"乎"。这种用法可以归纳为两个方面：

（a）表示疑问语气，如，上博简（二）《民之父母》2："民之父母虗（乎）？"表示这种语气的该字也可写成"虖"，如"道有兽（守）虖（乎）？"<上博简（九）《举治王天下》（五篇）17>还可直接借"虎"为之，如清华简（陆）《管仲》3："其从人之道可得闻虎（乎）？"（同篇24、29、30用法相同）

（b）表示感叹语气，也写作"虖"，如"亓唯臤（贤）民虖（乎）！"<上博简（九）《举治王天下》（五篇）7，该字还见于上博简（一）《孔子诗论》、上博简（五）《季庚子问于孔子》等篇>

（2）矣。用作"矣"的字在写法上有不同，一类是常见的写法，如上博简（二）《民之父母》3："胃（谓）民之父母矣。"另一类是，"壴"通"矣"，如上博简（八）《子道饿》1："吾子齿年长壴。"（第121页，上博简《性情论》中的"矣"在《郭店楚简·性自命出》中都写作"壴"）

（3）安。"安"字在楚简文字中往往被借用为句末语气词"焉"，特别多见。像上博简（二）《民之父母》4："豊（礼）之所至者，乐亦至安（焉）。"

清华简（八）《治邦之道》17简："古（故）兴善人，必熟问亓（其）行，焉观亓（其）貌，焉圣（听）亓（其）辞。既闻亓（其）辞，焉少（小）谷亓（其）事，以程亓（其）攻（功）。"我们觉得，这里的几个"焉"当属上，为句末语气词，而不是放在句首。

（4）也。句末语气词"也"运用最为广泛，不论传世典籍还是出土文献，比比皆是。如上博简（二）《子羔》1："善与善相受也。"

（5）才。这个字在楚简文字中经常被用作语气词"哉"，当然，在已经刊布的楚系简帛文字中有"哉"字，楚帛书里就有从"口"的"哉"字，表示感叹。如上博简（二）《民之父母》8："善才！商也。"

（6）异。该字在楚简文字中常常被用作"欤"，表示疑问语气。

如上博简（二）《民之父母》10："可得而闻异（欤）？"

（7）殹。

"'殹'，读作'也'，古通假字，在此用为语助词。"＜上博简（二）《鲁邦大旱》3，马承源先生如是考释，第 207 页＞

（8）𢼸。这个字是个双声符字，上边的"兹"与下部的"才"都是声符。通常作为句末语气词"哉"，尤其是一些成语中更为常见，如习见的"敬𢼸""敬之𢼸"。

（9）矣。

句末语气词"矣"与传世典籍相同，也很常见，

清华简（三）《芮良夫之毖》8："心之忧（忧）矣。"

（10）可。

"'可'读为'兮'。'可''兮'皆从'丂'得声，故可相通。"＜上博简（八）《李颂》，第 232 页。本篇用了 12 个语气词"可"＞；传世《诗经》所用的句末语气词"兮"在安大简（一）《诗经》全文皆以"可"为之[①]，当然，其中并非所有的"可"俱用作"兮"。

4.句末双音节语气词

与传世典籍类同，出土战国楚简里面同样存在句末语气词连用（或双音节语气词）的情况，我们可以把它们细分一下。

（1）也与。这个连用的语气词是"也"跟"与"的组合，而表达的侧重

[①] 安徽大学汉字发展与应用研究中心编，黄德宽、徐在国主编：《安徽大学藏战国竹简》（一），上海：中西书局 2019 年。文中简称"安大简"。

点仍然是放在后一个语气词上。

如上博简（二）《子羔》9："而丌（其）父戋（贱）而不足称也与？"其中"也与"应该就是"也欤"，表示疑问。

（2）于虚（或者写成"虖"）。"于虚"也就是"呜呼"，表达强烈的感叹，有时，再与别的语气词搭配使用，所表示的语气尤为强烈。

如上博简（二）《鲁邦大旱》5："于虚（呼）……"

这与《大戴礼记·文王官人》："王曰：于乎，女因方以观之。"及《尚书·金縢》"呜呼！无坠天之降宝命……"完全密合。

清华简（一）《保训》9："于虖！发，敬才（哉）!"此句跟今本《尚书·康诰》："王曰：呜呼！封，敬哉！"一模一样，与今本《尚书·皇门》："呜呼，敬哉！"极为相似。

（3）恶虖。

上博简（八）《成王既邦》2："恶（呜）虖（呼），敬之才（哉）!"原书考释者谓："恶，虖读为'呜呼'。'恶'通'乌'、'呜'……'虖'即'唬'字，读为'呼'。"< 第174页。顺便提一下，该篇简5还出现"于（呜）虖（呼）"用法、功能同 >

这两个连用的语气词，同一篇章，用字互有变化；上博简（九）《举治王天下》（五篇）24还有"于虖"即"呜呼"。

（4）也虖。"也虖"也就是"也乎"。

如清华简（七）《子犯子余》2："母（毋）乃猷心是不欤（足）也虖（乎）？"；清华简（七）《子犯子余》4："母（毋）乃无良左右也虖（乎）？"

（5）"也哉"。

如清华简（七）《子犯子余》8："民心訐（信）难成也哉？"

（6）含可。

如上博简（八）《有皇将起》1："'含可'读为'含兮'，语气词，相当于现代诗歌中的'哎啊'。本篇使用双音节语气词'含兮'，在楚辞中属首见。"

（第273页）

不单如此，本篇六支简以及下一篇《鹠鹬》的两支简，每句都用双音节语气词，这种句法应该引起足够重视。

二、近出楚简中语气词的特点与作用

裘锡圭先生说："从以上所举的例证可以清楚地看到，简帛古籍的用字方法，在传世先秦秦汉古籍的校读方面，具有很重要的作用。它们能帮助我们解决古书中很多本来难以解决，甚至难以觉察的文字训诂方面的问题。而且一种用字方法的启发，有时能帮助我们解决一系列问题。所以在校读传世先秦秦汉古籍的工作中，对简帛古籍的用字方法必须给予充分的重视。"①

考察近出楚简中的语气词，可以发现这些语气词具有一种明显的特点和重要的作用。

（1）不少语气词是别的字、词被借过来充当语气词使用。

楚简中有专职专用的语气词，如"哉"，清华简（七）《子犯子余》7-8："夫公子之不能居于晋邦，訫（信）天命哉？"

然而很多情况下，书写者往往借"才"为"哉"，如多处出现的"敬之才"。

"脁"字通常用为"逸"，如"脁，即'逸'，训'失'……"<清华简（三）《周公之琴舞》注释〔四二〕，第138页>

但是，"脁，读为'遹'或'聿'，句首语气词。"（同篇注释〔四八〕，139页）"'可'读为'兮'。'可''兮'皆从'丂'得声，故可相通。"<上博简（八）《李颂》原考释者所云，第232页>

如此说来，郭店楚简《老子》丙5"兮"原书考释者以为讹作"可"的

---

① 裘锡圭：《简帛古籍的用字方法是校读传世先秦秦汉古籍的重要根据》，《中国出土文献十讲》，上海：复旦大学出版社，2004年，第175-176页。

说法便不再成立，①"可"就是用为"兮"。

郭店简和上博简中用为虚词"矣"的字有以下几个：①矣，这是最普遍的用字，字形结构也与《说文》小篆相同。②悆，此字大多数用为疑惑之"疑"，但在郭店《成之闻之》中，虚词"矣"都用此字来表示。③豈，见于郭店《老子丙》《性自命出》和《六德》。《郭店楚墓竹简·老子丙》注[22]裴按：'简文似以"豈"为"喜"。"喜"与"矣"音近，故可以读为"矣"。④歖见于郭店《唐虞之道》。"歖"是《说文》"喜"字的古文。②

（2）语气词的使用能够体现说话者的语气、神态、性格、形象的方方面面。

有不少经典，在流传过程中由于种种原因，散佚殆尽，或仅剩篇目，或只存一鳞半爪之文句，殊为可惜，《逸周书·命训》就是这种情况，所幸地不爱宝，此篇得以重见天日。如清华简（五）《命训》2-5："……能亡俚（耻）乎……能母（毋）欢（劝）乎……能母（毋）恐乎……"

言者用了一系列的排比、反问，显示牧民治国的方略，文气磅礴，荡人心肠，句式足与《老子》第十章："营迫抱一，能无离乎？专气致一，能婴儿乎？……涤除玄览，能无疵乎？爱民治国，能无为乎？"③

（3）语气词足以帮助断句。

多虚词是古代汉语的一个主要特征。作为虚词的一个种类，语气词的一个重要功用是帮助句读。众所周知，古人读书，皆为白文，需靠读者自己对所读文字进行标点，很多语气词天生具备帮助断句的功能，比如处于句首和句末的语气词即这样。

上博简（二）《容成氏》19 有句子"因民之欲，会天地之利夫，是以近者敚（悦）治，而远者自至……"。原文考释者将"夫"字属上，我们觉得如

---

① 荆门市博物馆编：《郭店楚墓竹简》，北京：文物出版社，1998 年。
② 张富海：《说"矣"》，《古文字研究》第二十六辑，北京：中华书局，2006 年。
③ 黄瑞云校注：《老子本原》，北京：人民文学出版社，1995 年，第 26 页。

此，整个句子读来十分别扭，如果属下，即"因民之欲，会天地之利，夫是以近者敓（悦）治，而远者自至……"那么，"夫"为发语词，提示下文即将发表议论，读起来非常顺畅。

同书上博简（二）《容成氏》35 有句作"汤是之又（有）天下，厚施而泊（薄）敛，安身力以劳百眚（姓）"，我们觉得，该句中的"安"应该属上，作句末语气词，用为通常使用的句末语气词"焉"；如果连下为句，则下一句"安身力以劳百眚（姓）"很难读通，假若撇开"安"，则是汤身体力行率先垂范，而不是汤自享安逸，百姓劳碌，这对百姓无疑是最大的慰藉与鼓舞。

同书上博简（二）《容成氏》42 有"恻（贼）逃（盗）夫。是以得众而王天下"。同样，我们觉得句中的"夫"，应该属下，因为如果连上为读，不论前文是什么，都似乎不大容易让人明白；而属下以读，则"夫"字作为发语词，引起议论，整个句子便能通畅可解。

（4）语气词能够互证传世典籍、文献文字之使用。

《孔子家语》卷五"困誓"第二十二有这样几个句子："孔子曰：'善恶何也，夫陈、蔡之间，丘之幸也。二三子从丘者，皆幸也。吾闻之，君不困不成王，烈士不困行不彰，庸知其非激愤厉志之始于是乎在？'"我们认为，句末一字"在"，似乎当用为句末语气词"哉"，"在"从"才"得声，而楚简普遍可见的是"才"绝大多数用作"哉"。此处当为语气词"乎"与"哉"连用。

上博简（二）《鲁邦大旱》6 有句作"公凯（岂）不饱粱食肉才（哉）殹亡（无）女（如）庶民可（何）"，原文考释者断为"公凯（岂）不饱粱食肉才（哉）殹（也），亡（无）女（如）庶民可（何）"，将"殹（也）"当作一个句末语气词，并用括号括注为"也"，如果这样，便是两个句末语气词连用。我们觉得是不是可以断为："公凯（岂）不饱粱食肉才（哉），殹亡（无）女（如）庶民可（何）"。"殹"固然有句末语气词的用法，但是"殹"更多的是作为句首语气词来使用，如《左传·隐公元年》有"尔有母遗，殹我独无"。

并且，由于"哉"表达强烈的感叹语气，即使是语气词连用，表达感叹的重点一直都落在连用语气词中后一个语气词上面，所以，"哉"不大可能放在连用的语气词的前一个上面。

𣿄，读为"四"，《说文》："𣿄，㫃属，从二㫃。𣿄，古文𣿄。《虞书》曰：𣿄类于上帝。"段玉裁注："《尧典》文。许所据盖壁中古文也，伏生《尚书》及孔安国以今文读定之。古文《尚书》皆作四，太史公书《史记》作遂。然则汉人释四为遂，即《尔雅》之'四，故也'。壁中文作𣿄，乃四之假借字也。"简文'𣿄'为句首语助词，无实义，此用法屡见《尚书》诸篇。<清华简（一）《皇门》注释 5，第 165 页>

式，语助，《诗·式微》"式微式微，胡不归"，郑玄笺："式，发声也。"<清华简（一）《皇门》注释 5，第 168 页>

要之，新出楚简中，不论是传世典籍所无的，或是传世典籍所有的，在简文中，语气词的用法大体相当，然而很多情况下，新出楚简的语气词绝大多数是借用其他词语来充作，这应是与传世典籍的最大不同。以上所论，乃是本人在读近出楚简期间就语气词方面提出的一些管见，祈请方家教正！

（原载于《汉语字词关系研究》第一辑，浙江大学汉字研究中心，中西书局，2021 年）

谈楚简文字字用中"以形别义"意识的自我觉醒

文字在创制之初,乃至在发展之后较长的时期之内,其数量都是非常有限的,但因社会生活日益发展,在文字使用的实际中,不足敷用,再加上没有统一标准进行规范,很多文字极易混淆,从而不便理解。比如甲骨文,姚孝遂等先生就说:"由于甲骨文还处于急骤的孳乳分化过程中,不同的文字符号,在形体上出现了混同的现象。"①"文字由客观事物的图像向符号化发展的结果,必然要出现形体近似,容易混淆的问题。"②因此,借形、借音、借义等形、音、义互借情况在所难免,特别是在文字发展的初期阶段,这种现象尤为普遍。就拿古文字早期比较成熟的汉字——甲骨文来说,其中就有形体相同而音义完全互异的情况存在,如"这个字作 I 的一体很像'壬'字,但是根据卜辞上下文,一般还是能够把它们区别开来的。"③陈炜湛、唐钰明先生在《古文字学纲要》中也有论,二位先生把这种情况称作"数字一形",并给出最为典型的例子:"火"与"山"。

众所周知,形体相同但是意义迥异的情况,只有在具体的语言环境中才能区别开来,这就不符合文字形体清晰、表义精密的基本原则。于是人们早就想方设法通过在形体上"做足文章"来"区形别义"(当然现代汉字中依然

本文为国家社会科学基金项目"楚系简帛文字字用综合研究"(18BYY136)阶段性成果。

① 姚孝遂等:《殷墟甲骨刻辞类纂·序》,北京:中华书局,1989年。
② 姚孝遂:《古汉字的形体结构及其发展阶段》,《古文字研究》第四辑,广州:中山大学出版社,1980年。
③ 裘锡圭:《释柲》,《古文字研究》第三辑,北京:中华书局,1980年。

有音义各别的同形字与一个字有众多义项的一字多义，这固然另当别论）。从甲骨文开始，人们为了使文字在形体上有所区别，一些区别手段已经在运用，比如："╋"和"十"；"三"和"三"等。后世人们更加注重运用各种手段来对文字形体加以区别，除了上边通过笔画的长短来进行分辨外还有：增加点画，如"大"和"太"（今天的"大"与"太"当是因为意义不同而有别，属于增加点画进行分别）；增加偏旁，如"工"和"古"；调整位置，偏旁的不同配置也可达到区分的目的，像"呆"与"杏"等。在进一步规范与正确使用汉字的当今，同时也为了文字表义更加清晰和明确，来不得半点含糊、淆乱，其区分要求分外严格。事实上，文字自身的发展也正经历这样一个过程，还拿上举的"火"与"山"字为例，到晚期甲骨文中，下面圆转者为"火"，而下面平展者为"山"，这在形体上就可以轻易辨识。

虽然许慎谓战国文字"文字异形"，但其实战国文字已经得到长足发展，已然是相当成熟，主要体现在文字载体多样、文字数量众多、文字构形非常复杂以及文字穿越时空的分布等。其中，特别是文字构形复杂，已经让文字形体自身即能达到"望文生义"，不需要"察而见义"。这应该是文字本身"以形相别"的自我觉醒，是文字学发展史上一件值得欣喜的大事。战国楚系简帛文字尤其能够表现这一重要特征。

在战国楚系简帛文字中，依托文字形体、借助多种手段来达到"以形别义"目的的做法很多，据我们考察，主要有以下几种。

一、变更笔画

我们认为变更笔画在一些形近字中乃是一种区别手段，其由来已久，季旭昇先生谓："'视''见'不同字，从甲骨文起就有区别。其区别是：上面一个'目'形，其下作'跪人'者为'见'；作'立人'者为'视'（参裘锡圭先生《甲骨文中的见与视》）。本句《礼记·孔子闲居》《孔子家语·论礼》都作'是故正明目而视之'用的也是'视'字。"①

楚系简帛中依旧袭用这种运用变更笔画来区形别义的做法，除了上边季先生举了利用笔画的曲直、长短来进行区别的"视"（✱）与"见"（✱）外，还有：

（1）"天"与"而"。

"'而'字下部与上部不连，与'天'字异。"②如"天"的常体为✱③或✱上博简（二）《鲁》3<上博简（二）《子》中也有些与此写法同样>，"而"的形体则非常之多：✱<上博简（二）《民》>、✱<上博简（二）《从》>)、✱<上博简（二）《容》>、✱或✱<上博简（二）《子》>、✱<上博简（三）《周》、上博简（三）《互》多如此>；✱<上博简（三）《中》>、✱<上博简（三）《互》12>、✱<上博简（三）《彭》1>、✱或✱<上博简（一）《孔》多如此>、✱<上博简（一）《缁》多如此>、✱<上博简（一）《性》多如此>。除了明显地从形体上可以辨别外，"天"与"而"的区别主要在最后两笔形状的书写上："天"的这两笔都是外拓，"而"的这两笔或者倒数第二笔内敛，或者这两笔都内敛。

（2）"出"与"止"。

此二字也易混，但是"出"作"✱"<清华简（三）《说命中》5、6、同书《良臣》9>，"止"作"✱"（《说命上》4、6、7《说命中》2、3、5、6、7，《说命下》7、8、9、10，同书《琴舞》1、2、3、4……），两字最后一笔的笔画因曲直有异而区别。

---

① 季旭昇主编：《上海博物馆藏战国楚竹书（二）读本》，台北：万卷楼图书股份有限公司，2003年，第10-11页。
② 曾宪通：《长沙楚帛书文字编》，北京：中华书局，1993年，第29页。
③ 马承源主编：《上海博物馆藏战国楚竹书》（一），上海：上海古籍出版社，2001年，简称上博简（一）《孔》，下同，出自本书他册者亦如此，为省篇幅，不复一一标注。

（3）"壬"与"王"。

"壬"字作王，①三横间的距离等长，中间那一横略短；"王"字作王（《包》246），第一横与第二横间的距离比第二横与第三横的距离要短，但是三横都是等长。

（4）"乙"与"己"。

"乙"字通常作乙（《包》167），"己"字通常作己，由笔画的曲直可以辨别出来，但是有时候书写者稍不注意，就忽视这点，以致混淆不别，如"己"字作乙（《包》232），与"乙"无异。

（5）"丹"与"凡"。

"丹"字作丹，②而"凡"作凡，③或加笔画作凡④。

（6）"也"与"已"。

"也"与"已"。"也"在楚系简帛中一般作：也<上博简（一）《孔》皆如此>、也<上博简（二）《子》皆如此>、也<上博简（三）《中弓》>、也或也<上博简（一）《性》>、也<上博简（二）《容》皆如此>、也<上博简（三）《亘先》>、也<上博简（二）《民》皆如此>、也<上博简（三）《彭》>、也或也及也<上博简（一）《缁》多如此>、也<上博简（二）《从》皆如此>等，其上边"口"形两边的笔划都出头（有的"口"上边笔划还穿过两竖画，这也应是为了区别而延伸）。而"已"字则多为已<上博简（一）《孔》>、已<上博简（一）《性》>。与"也"相比，除了"口"部的两边不出头，其他地方没有不同，用出头与不出头来区别形似但不同的字形。在这点上，"足"

---

① 湖北省荆沙铁路考古队编：《包山楚简》，北京：文物出版社，1991年，第187号简，简称《包》，下同，但凡出自该书者，不再一一标明。
② 湖北省文物考古研究所、北大中文系：《望山楚简》简2，北京：中华书局，1995年。
③ 湖北省博物馆编：《曾侯乙墓》简204，北京：文物出版社，1989年，简称《曾》，下同。
④ 荆门市博物馆编：《郭店楚墓竹简·成之闻之》，北京：文物出版社，1998年，简称郭《成》22，后面凡是引自该书者不复一一注明。

与"疋"的区别与此类同。

（7）"曰""日"与"甘"。

"曰"字多作▱、▱<上博简（二）《子》、上博简（二）《鲁》皆如此>；▱<上博简（二）《民》皆如此>；▱<上博简（二）《从》如此>。"日"字多为▱<上博简（一）《缁》>。"甘"作"▱" <上博简（一）《孔》>。这三个字看起来有些相似，然而它们是有区别的："曰"字的最上一横绝不封口，多少得留一点空隙，这点就将它与"日"和"甘"区别开来。"日"和"甘"的最重要的区别在于"口"两边的竖画出头与否，其次是里面的一横画，"日"的那一横画与两边的两竖画连接与否，无关宏旨，而"甘"字的那一短横通常不与两边的两竖画连接。这是利用笔画的长短来进行区别。

（8）"毛"与"屯"。

朱德熙先生谓："战国秦汉时期，'屯''毛'两个字形体相似，常常混淆。"① 但是它们还是有别的："毛"作▱（《天策》，《楚编》第517页）、▱（《天策》，《楚编》第517页）②，"屯"字作▱（《信》02—23）③、▱（《包》147）、▱（《曾》19）在笔画形体的走势上有所不同。

（9）"人"与"尸"。

陈剑先生有这样说法："按战国文字尤其是楚系文字中，人字和做偏旁的人字大多写作▱、▱、▱等形。前两形常见于楚系简帛文字（参滕壬生《楚系简帛书文字编》第648—673页，湖北教育出版社，1995年，在本文中该编简称为《滕编》，以与《楚编》相区别，所引二书皆简称之，且只标注页码，不再一一标注），后一形常见于战国金文（如中山王器人及从人诸字。参《金文编》第556、558、563、566等页）和玺印文字（看《古玺文编》八·一~

---

① 朱德熙：《说"屯（纯）、镇、衞"》，《朱德熙文集》，北京：中华书局，1995年，第176页。
② 李守奎编著：《楚文字编》，上海：华东师范大学出版社，2003年。
③ 河南省文物研究所、中国社会科学院考古研究所编：《信阳楚简》，北京：文物出版社，1986年。

八·四)。而做偏旁的'尸'字则往往末笔弯曲度减小，作♪、ᢏ等形（参《滕编》第696—701页）与小篆'人'字形体颇为相近。换言之，本来在早期古文字和后来的秦汉文字中，'人'跟'尸'主要是以末笔的弯曲度来区分的；而在六国文字中，由于尸字末笔写得越来越直，与人字似近，两者的区别主要就改由在两笔在字形上部的不同交接形态来体现了。"①

（10）"月"与"肉"。

"月""肉"，形体相近，依靠笔画多少固然可加区别，"月"三画，"肉"四画，但是在形体上二者犹有不同，一般来说，第一、二两笔交接处尖锐者为"肉"，如"夕" <清华简（三）《祝辞》4>②；第一笔弯曲成弧形的是"月"字，如"夕" <清华简（四）《四告》18、《四时》1、2、5、6、7、10、13、17、20、23、24、25、30、33、35（三见）、36、37、38……>。当然，这两个字的笔画也不同，清华简中"肉"为四画，"月"是三画。有时，为了使这两个字有所区别，在"肉"的右肩位置上加一撇。

（11）"士"与"土"。

楚系简帛中，"士"字常常写作土，中间一竖有不少是不穿过第一横，且第一横与第二横几乎等长；而"土"字（或从"土"之字的"土"）的第一横都与竖画交叉，或者有的第一横做圆黑点，这些都是为了互相区别。虽然如此，它们有时还是相混，如"塙"字作墭（《包》32）下边即从"士"。

笔画变形，在今天汉字中仍然被作为一种区别手段在运用着，如"干"与"于"之别，即在中间那笔有无钩。虽然如此，但因那个时代没有强硬的规范措施，不像秦始皇那样"书同文字"，以致很多领域、许多地方还未全面落实，同时，笔画变形由于在不少时候稍不注意，还是流于相同，在不少形似之字使用的地方，仍然会出现不少相混之处。如上博简（一）《孔》简 9

---

① 陈剑：《释屍》，《追寻中华古代文明的踪迹》，上海：复旦大学出版社，2002年，第49页。

② 清华大学出土文献研究与保护中心编、李学勤主编：《清华大学藏战国竹简》（三），上海：中西书局，2012年。

的"天"作 秂，则是"而"了（可参上文形近互用部分）。

二、增益笔画

"'大''太'在古代都写作'大'，后来为了在书写形式上把它们区别开来，就在'大'字下加一点或两点，于是从'大'字分化出一个'太'字来。"①后期文字也是如此。"战国期间，为了避免形近讹混的发生，曾采用了附加区分笔画的方式加以补救。"②显然，增益笔画在楚系简帛中也是被当作一种重要的区别手段使用着。

"此句'见'字似已与'视'字相混。本篇自此以下之'见'字，下部皆作立人形，但有的在人形两笔之间加一道或两道横划，这也许仍是为了与'视'相区别。"（《郭》第153页）

（1）加"点"标指以别。

楚系简帛中"女"可以用为"汝"<郭《五》48、上博简（三）《中》6、16、21、上博简（五）《姑》4、《九》43>；也可以用为"如"<郭《老》甲18、上博简（一）《孔》22、上博简（三）《周》38、上博简（六）《竞公疟》7、《九》19、25>；还有郭《缁》41 则以"女"为"安"，此纯粹是凭借语境来读；而 （郭《老》19）、 （《唐》11）用作"安"，书手便在"女"之右边加"●"以标指，我们认为书写者如此做是意在表明此字读为"安"，而非别的字。

"玉"字加"点"也当是为了与"王"字有别。甚至民间俗字也往往采用这种手段。如"于是'菩萨'的合文为'艹'，加点作'艹'则为'菩提'，加竖作'艹'或'艹'则为'涅'了。"③

---

① 于省吾：《释古文字中附划因声指事字的一例》，《甲骨文字释林》，北京：中华书局，1979年，第458页。
② 黄德宽：《古汉字形声结构论考》，吉林大学博士学位论文，1996年，第30页。
③ 张涌泉：《汉语俗字研究》，长沙：岳麓书社，1995年，第363页。

"也"与"只"也是依靠加"点"来进行区别。"也"字形体多作：🗴<上博简（二）《子》皆如此>、🗴<上博简（三）《中弓》>、🗴或🗴<上博简（一）《性》>、🗴<上博简（二）《容》皆如此>、🗴<上博简（三）《互先》>、🗴<上博简（二）《民》皆如此>、🗴<上博简（三）《彭》>、🗴或🗴及🗴<上博简（一）《缁》多如此>、🗴（上博简（二）《从》皆如此）等，其上边"口"形两边的笔画都出头（有的"口"上边笔画还穿过两竖画，这也应是为了区别而延伸）。而"只"字（多作偏旁）则在"口"下的那一笔上多了一斜画作：🗴（《包》265"枳"字所从）、🗴（郭《唐》26"枳"字所从）。①

（2）于偏旁中加"ㄓ"。

"酒食"之"酒"与十二地支的"酉"在楚系简帛的不少批次中都是没有区别的同一形体，但是在《新蔡简》②中，书者却有意加"ㄓ"来进行区别，即没有加"ㄓ"的是"酒"，而加"ㄓ"的则是指干支的"酉"。

同样，《新蔡简》及上博简（三）《彭》中"喜"与"彭"也是依靠加"ㄓ"来进行区别，即加"ㄓ"的为"彭"，而不加"ㄓ"的就是"喜"字（或"壴"字）。

《信阳楚简》中的"雕"字加"ㄓ"也当是为了与"周"字相别。

"丹"字作🗴（《包》170）、🗴（《包》76）、🗴（《包》16）、🗴（《包》268）等形，而"彤"字作🗴、🗴（《天》卜，《楚编》第312页），也是加"ㄓ"作区别。

多处出现的"胃"有的加"ㄓ"，有的不加"ㄓ"，大约是为了使"所谓"之"谓"与"肠胃"之"胃"有所区别，然而不是十分严格，如上博简（三）

---

① 可参赵平安：《对上古汉语语气词"只"的新认识》（武汉大学简帛研究中心主办《简帛》第三辑，上海：上海古籍出版社，2008年，第4页）；何琳仪、房振三：《"也""只"考辨》（北京师范大学民俗典籍文字研究中心编辑《民俗典籍文字研究》，第三辑，北京：商务印书馆，2006年，第177页；徐宝贵在《"它""也"为偏旁文字的分化》一文（《文史》2007年第3辑，第230、235页）谈及"它""也"二字分化，也可参阅。

② 河南省文物考古研究所编：《新蔡葛陵楚墓》，郑州：大象出版社，2003年。

《互》6有加"&"的,又有没加"&";又如《包》206"文坪脮君"之"文"在《包》203的"文坪柰君"中就加"&",没有区别。

(3) 在构件中加"-"。

上博简(一)《孔》6"二后""后稷"之"后"作&,上博简(一)《孔》20"而后"之"后"及上博简(二)《昔》1"然后"之"后"皆作&,书写者同样是为了让二者相互区别,故意在前者表示"王后"之"后"的第二笔上,加上一笔,以别于"而后"之"后"。

"弓"字在下边加上一短横,当为与"尸"相互区别。

楚系简帛中,"山"字多涂黑中竖下端与他笔相连的结合部(详下文),以与省"艹"而成的"中"相区别,这已足够,可是有不少情况下,书写者觉得意犹未尽,尚在这中竖上面复加一短横画作&,这样"双保险",无有混同。

(4) 在构件上加"/"。

"'肉'和'月'形体近似,战国文字往往把'肉'写成四笔作'&'形,把'月'写成三笔作'&'形,以示区别。然而仍然容易混淆。于是有意识地在'肉'的右上方加'/'号以示区别。"①

同样,"只"字作&<上博简(三)《彭》4>,"也"字作&<上博简(一)《缁》>,前者加了一笔,以与"也"字相互区别。

(5) 加"厂"。

"长"字多作&(《包》59)、&(《包》216),但在作"鞁"时则作&(《包》268、271、273),加"厂"以为区别。

笔画多寡一直就作为区别手段在被运用,如"月"与"夕",自甲骨文始,就是利用笔画多少以行区别,到战国楚系简帛中依然如此,一般地,"月"字多一画,"夕"字少一笔("明"与"名"有时也属于这种情况)。当然有时候

---

① 何琳仪:《战国文字通论》(订补),南京:江苏教育出版社,2003年,第254页。

在做偏旁时还是不免混用，如上博简（三）《亙》7 的"名"字就是从"夕"，这很可能与书写者的习惯有关。

"舟""月""肉"形体相近，也可依靠笔画多少来加以区别，"月"作🌙（《楚帛书》乙）为三画，"肉"作🌙（《包》145 背）为四画，"舟"则作🌙（《包》168）为五画，或者干脆就写作🌙（郭《成》35），三字易于区别。

"须"字作🌙（《曾》6、《包》2、24 等），与"寡"字省掉"宀"作🌙，右边多两笔有别。

增加笔画以便在形体上进行区别，如现代汉字中"王"与"玉"、"茶"与"荼"即是，尽管是对前代文字的传承，这在文字使用中仍不失为一种有效手段。

三、添加偏旁

我们知道，前面利用笔画的变形、增益笔画来区分形近形体，终究显得不很圆满，是否还有更好的方式呢？当然有，添加偏旁。

早在甲骨文阶段，人们就已使用添加偏旁这个手段来对形体所表达的文字含义进行区别，如"后来为了在字形上区别，就在该读为'年'的后字上加注声符'人'（真部日母），出现了'年'的专用字"[①]。

清代学者王筠曰："字有不须偏旁而义已足者，则其偏旁为后人递加也。其加偏旁而义遂异者，是为分别文。其种有二：一则正义为借义所夺，因加偏旁以别之者也；一则本字义多，既加偏旁，则只分其一义也。"[②] 王氏的"加偏旁而义遂异者，是为分别文"，实质就是通过添加偏旁以达到"区形别义"。孙稚雏先生也说："用增加偏旁的方法来区别词义，这反映了文字在记录语言

[①] 林澐：《古文字转注举例》，《第三届国际中国古文字学研讨会论文集》，1997 年，第 802 页。

[②] 王筠：《说文释例》，武汉：武汉市古籍书店，1983 年，第 327 页。

上逐渐趋于精密。"①

（1）增加"口"旁。

刘钊先生说："我们知道口字在古文字中除了用为本字或口舌一类字的构形成分外，尚有两种作用：一是作为孳乳分化的手段，在一些基本形体上加注'口'字，从而造出新字，并沿用原基本形体的声音为新造字的声符……这类字中的'口'字只起着区别两个形体的作用，与字义无关，不妨将其看作区别符号。"②刘先生的说法可从，"口"字在楚系简帛中许多时候的确起着区别两个形体的作用。"加'口'为分化'向'字简文作⊠，习见于郭店简，作⊠、⊠、⊠、⊠（《郭店楚简文字编》，第109页）③等形，裘锡圭先生认为是'向'字讹体，汤余惠、吴良宝先生对其讹变过程做了推测。我们注意到简文'向'字上部均像两人背对之形，似应分析为从'北'从'口'。《说文》：'向，北出牖也。'从'北'可为《说文》训'向'为朝北窗户之一证。古音向，晓纽阳部；卿，溪纽阳部。简文'向'可读为'卿'。或说⊠为'饷'之省体。"④郝士宏教授也指出："最为突出的是加注区别性符号'口'……此外还有加注点划、改变点划方向、截除、省简点划、变体等。"⑤分化是汉字孳乳的一个手段，更是一个区别手段，上博简（一）《孔》中"文王""文武"之"文"不加"口"，而"刺文""少文"之"文"加"口"，也属于这种情况。

（2）增加"木"旁。

在不少楚简中，用作十二地支的"酉"，为了与作"酒食"用的"酉"相互区别开来，书写者有意赘加"木"旁作⊠（《包》89），或写作⊠（《包》99）、

---

① 孙稚雏：《中山王䝨鼎、壶的年代史实及其意义》，《古文字研究》第一辑，北京：中华书局，1979年，第281页。
② 刘钊：《古文字考释丛稿》，长沙：岳麓书社，2005年，第19-21页。
③ 张守中先生撰集：《包山楚简文字编》，北京：文物出版社，1996年。
④ 黄德宽、徐在国：《〈上海博物馆藏战国楚竹书（一）缁衣·性情论〉释文补正》，《新出楚简文字考》，黄德宽、何琳仪、徐在国著，合肥：安徽大学出版社，2007年，第106页。
⑤ 郝士宏：《试论同源分化方式的汉字不同发展阶段的发展》，《古文字研究》第二十六辑，北京：中华书局，2006年，第457页。

茜(《包》221)或樍(《包》签,"栖"光是在《九》中全篇就达 31 处之多),这些都是为与"酒食"之"酉"有别。

(3) 增加"爪"旁。

"衣"与"卒",本为一字分化,即"衣"上加一短斜笔则成"卒"字,但是很多语境中"衣""卒"二字还是经常混用。于是不少时候,"卒"字便加"爪"旁,我们以为这种做法当是为与"衣"相互区别。李守奎先生说:"楚简之卒,大多读衣,当是衣字异体……采皆读为卒,当即楚之卒字。"(《楚编》,第 512 页)如《包》82、197、199、201 的"采"俱用为"卒"。

(4) 增加"氵"旁。

"一般说来,用增加形旁区别词义,这个形符往往和这个字所记录的词义有关。"①我们认为战国楚系简帛书有"氵"旁之"浴",当为了与用为"欲望"之"谷"(或加"心"如郭《缁》6、8;或加"欠"如郭《老》甲5)相区别,强调的是"有水"之"山谷",这种做法分布比较普遍,如郭《老》甲 2、3(二见)、20 与郭《老》乙 11 的"浴"与上博简(一)《孔》26 的"浴风"之"浴"及上博简(二)《容》27、28、31 的"浴",上博简(三)《周》44"蔡浴"之"浴",上博简(四)《采》4"深浴"之"浴",《楚帛书》甲的"浴",《信》1—05"五浴"之"浴"等。

(5) 增加"攴"旁。

"雕"字既可以用加"彡"来区别于"周",也可以用加"攴"旁作𤰒(《望》6 见)②来进行区别,不单如此,这样一加使"雕"表示动作的语义更加完足。

(6) 增加"厂"旁。

"人"字为大(《曾》208、207、1),"内"字作夫(《包》13 等),增加"厂"旁以与"人"字区别。

---

① 孙稚雏:《中山王䥻鼎、壶的年代史实及其意义》,《古文字研究》第一辑,北京:中华书局,1979 年,第 281 页。
② 湖北省考古研究所、北大中文系编:《望山楚简》,北京:中华书局,1995 年。

四、涂黑形体①

前人为了在文字形体上让人一望就能知晓是何文字,可以说是"处心积虑",而其中的一种做法就是:涂黑(填实)文字(或其中某一部分)来达到使这一形体与其他字形有别,这应当是一个重要的区分方法。②

五、变换方位

早期古文字的位置极不固定,一个字的组成部分,不单是笔画可以随意游移,而且连偏旁都可以上下、左右、内外互置(参前文所论),足见早期文字不是非常成熟、缺乏规范机制、使用十分混乱。

但是,并非全部如此。古文字中相当一部分的字虽然构件相同,可是由于构件的配置方式有异,其形、音、义俱不相同。最为学者所称道的便是张政烺先生对"埜"字的考释。③可见,古文字中依然利用位置的不同作为手段以区别形近之字。

还有,"又如砍伐的伐本来必须把戈的刃部置于人形的颈上,表示割首,负荷的荷本来必须把戈的柄置于人形的肩头,表示扛着,虽然都有人形和戈形两部分,却是各不相同的完整图形,如果均分析为'从人,从戈',就抹杀了这种原有的根本差别了。"④显然这无疑是靠位置的不同来区别形、义了。

"右"作 (《天》卜)或 (《曾》156);而"左"则作 (《包》239)、 (《曾》16。"口"与"工"完全相同,全靠上边的"又"的方向来区别。

"绝"字作 (《曾》5,同《说文》古文),而"继"字则作 (《包》

---

① 此处可参阅拙文:《试谈楚系简帛文字中涂黑别义现象》,《古籍研究》第53期,合肥:安徽大学出版社,2008年。
② 可参拙文《试谈楚系简帛文字中涂黑别义现象》,该文集第三篇。
③ 张政烺:《中山王𰯌壶及鼎铭考释》,《古文字研究》第一辑,北京:中华书局,1979年,第231-232页。
④ 林澐:《古文字研究简论》,长春:吉林大学出版社,1986年,第17页。

249）、▨（天卜 《滕编》，第896页），所从构件全同，方向完全相反。

"田"字与"甲"自甲骨文始，形似易混，由来已久，在战国楚系简帛中依然如此，如"甲"字作▨（《包》185），与"田"作▨（《包》101）几乎无别。于是为了区别，书者便用缺笔来加以区别，如▨（《包》82）、▨（《包》12），就是这样，人们犹嫌不够，还将方向写得相反，如▨（《包》46）、▨（《曾》128，《曾》简"甲"字全部如此），如此，"田""甲"便可一望而知。

总之，在楚系简帛文字的使用实践中，使用者曾经利用多种手段、使用诸多方式试图使得形似、形近之字得以从形体上让人一见就可区分出来，从而得以顺畅交流、交际。但是由于当时社会正是处于急剧发展的历史时期，诸侯割据，没有统一的标准对其加以规范，书写者随意性太强，这一切使得文字依旧十分混乱，如▨《包》203（文坪夜君）、▨（读为"文"，《楚编》，第716页）、▨（读为"文"，《楚编》，第716页）。战国楚形简帛文字的纷繁复杂远非许叔重一句"文字异形"所能概括赅备。

读《上海博物馆藏战国楚竹书·孔子诗论》散记（三）

一、棠①

按："常"与"裳"当为一字异体，从"巾"与从"衣"可通用，见《说文》古文"常""裙""帙"等。而从"尚"从"示"之字可与"常"通假，常、裳、棠俱以"尚"为声，亦自与"棠"通，《棠棠者华》指今《裳裳者华》。

二、闗

按：释作"关"足可信从，此字从门、串声，关、串皆古元部字。《上海博物馆藏战国楚竹书》（二）《容成氏》简 18 "关市无赋"之"关"亦如此作。

三、告

按：从字形上来看，应释为"时"，就句义上来讲，也当解为"时"。《说文》保存了相当数量的古文或体，这些古文即是战国文字，"时"之古文从止从日，该就是"时"异文。邦有道，君子得逢其时，于是福禄长享。

---

① 马承源主编：《上海博物馆藏战国楚竹书》（一），上海：上海古籍出版社，2001 年。本文其他诸条所引俱出自该书，出处不再一一标注。

四、保

按：我们认为，"保"读如字。诸义可以一"保"字囊括：报答也罢，褒扬也罢，保民也罢，安抚也罢，皆以召伯"保"之。召伯爱民，民感恩戴德，报答、褒扬俱不过分。便是"敬爱其树"，爱屋及乌，何尝不可？

五、窜

按：李学勤先生说近是①。"贤"可训"胜"，如《管子·大匡第十八》："君子闻之曰：'召忽之死也，贤其生也；管仲之生也，贤其死也。'"

六、鷃

按：战国时期形声字大量出现，正是文字发展的表现，且有相互通用之例做证。细究发现，"燕"为象形字，诗中从鸟晏声之字乃是典型的左形右声的形声字，二字造字方式不同，乃是一字异体，可谓殊途同归。

七、俞

按：我们以为，"以色俞于礼"中"俞"读为譬喻之"喻"，孔子曾谓"吾未见好德如好色者也"，而在此，他把对"礼"的追求比作对"色"的爱好。"其四章则俞矣"的"俞"读作明白之"喻"。《关雎》一诗写君子对淑女的思念，但他始终没有越"礼"，而愿"琴瑟友之，钟鼓乐之"。第 18 简的"以俞其愿"之"俞"仍然读为"喻"，比况，以数种厚报来譬喻其美好心愿。第 20 简"其离志必有以俞也"的"俞"还读"喻"，他们离别的相思之愿，必有物以喻，即"琼琚""琼瑶""琼玖"等物。

---

① 李学勤：《〈诗论〉说〈关雎〉等七篇释义》，《清华简帛研究》第二辑，第 16 页。

八、赠

按：我们是否可以这样认为，随着君子与淑女未曾相见时间的拉长，他们互相思念的程度也越来越加深重与浓烈？即由"寤寐思服"而"辗转反侧"而"琴瑟友之"而"钟鼓乐之"。"赠"，益的异文，增益形旁"贝"。这是孔子评论《关雎》一诗内部情感渐次升华。

九、斯

按：马承源先生读"斯"甚是①，但应肯定实乃"斯"之异构。该字可以析为右从"斤"、左下从丌、左上从臼三个构字部件。而"丌"为"其"，"臼"为赘加的义符，楚简中赘加义符"臼"之现象不乏其例，如同篇第5简的"本"，本书《缁衣》篇第6简的"牙"，长沙仰天湖简5的"齿"（可与《说文》的"齿"对照），以及《玺汇》0412与《说文》古文俱从"臼"（或"齿"）之"牙"，还有战国玉刀柲上的行气铭文中的"本"亦从"臼"（或"齿"），清华简中亦见"斯"字这种写法，为"斯"异体确定无疑。斯，副词，表示承接上文，得出结论。其含义相当于"则""就"，例如《淮南子·本经》："心有忧丧则悲，悲则哀，哀斯愤，愤斯怒，怒斯动。"《礼记·檀弓》："人喜则斯陶，陶斯咏，咏斯犹，犹斯舞。"《郭楚店简·性自命出》35、35简的"喜斯陶……"②"则"的这种用例如战国玉刀柲上的行气铭文："……神则下，下则定，定则固，固则明，明则长……"等即是。

---

① 马承源主编：《上海博物馆藏战国楚竹书》（一），上海：上海古籍出版社，2001年。
② 荆门市博物馆编：《郭店楚墓竹简》，北京：文物出版社，1998年。

十、㢜

按：何琳仪先生已分析其为"攻"①，黄德宽、徐在国先生也举出不少字例②，释为"攻"确凿不可疑易。另外楚简中由于书写空间的逼仄、书手避重的需要、书写顺序的先后等因素，许多左右结构的字形，往往安排成为上下结构，像本篇11简的"滩"，"水"不是放在左边，而是置于"难"字下部，如此配置不胜枚举，实因文字未能规范、标准，故可释为"攻"。

十一、悇

按：我们认为，该字应先释为"疑"，再读为"拟"，即"悇"→"疑"→"拟"。前文"以色喻于礼"，到第四章我们便明了君子的意图，这里当理解为"以琴瑟之悦，拟好色之愿"。

十二、忢

按：声符更换在文字发展中也是一个重要现象。比较"原"和"元"，"元"字笔画更少，求简图便使得书手在举笔之中力求省时省事，因此，声符更替应运而生。此从"心""元"声之"愿"字可以说是其产物。"愿"，良愿、愿望。

十三、蜀

按："蜀"应释为"独"。马承源先生另读为"笃"③，当是意义引申。其他典籍虽引作"慎独"解，但于《燕燕》诗中似无此义，乃是专一之"独"。

---

① 何琳仪：《沪简〈诗论〉选释》，《上海博物馆藏战国楚竹书研究》，上海：上海书店出版社，2002年，第248-249页。
② 黄德宽、徐在国先生：《〈上海博物馆藏战国楚竹书（一）孔子诗论〉释文补证》，《新出楚简文字考》，合肥：安徽大学出版社，2007年，第4页。
③ 马承源主编：《上海博物馆藏战国楚竹书》（一），上海：上海古籍出版社，2001年。

十四、萬

按：被释为"葛"的"萬"字在本篇3见：16简出现二次，17简出现一次。16简中首次出现的这个字不妨分析为：上部从"艸"无疑，中部从前文第7、10简释为"害"的上边部分，下从"内"。另外二次出现的字皆是上部从"艸"下边从《说文》古文"禹"。以音求之，读为"葛"完全可以肯定。"覃"字，尽管各家说法有异，释"覃"应当毫无疑义，该字与"覃"的真正关系有待进一步探究。

十五、氏初

按：对照前面第4、5简出现的"氏"字形体，它们毫无二致，为"氏"字确凿不移。"氏初"当从周凤五先生释①，父母乃人之本。"诗"廖名春先生释为"志"②，可信，上博简《缁衣》有字从"止"从"目"释为"志"可资参照。

十六、韦

按：孔子点评诸诗，可谓要言不烦。"言"得看站在哪方理解，若是在父母、诸兄、他人这方，则人言可畏；如果是站在女主人公这个角度，畏惧众口铄金，还得忍痛割爱，遵从父母之命，又何尝不可读为"维"。

---

① 周凤五：《〈孔子诗论〉新释文及注解》，《上海博物馆藏战国楚竹书研究》，上海：上海书店出版社，2002年，第161页。
② 廖名春：《上海博物馆藏诗论简校释札记》，《上海博物馆藏战国楚竹书研究》，上海：上海书店出版社，2002年，第264页。

十七、悘

按:"悘"训为"恨"诸多学者没有多大分歧。篇名归属各执一词,这同样缘于理解角度不同。属诸《王风》者则将"爱妇"看作一个支配结构,是谈戍卒对妇人的萦怀;归于《郑风》者是把"爱妇"当作一个偏正结构,则言一位对丈夫充满爱意的女子苦口婆心地力劝丈夫莫信谗言、怨恨丈夫耳根太软。细味诗意兼孔子将这几首诗联类而论,我们以为是更侧重后者,虽为劝说,但情真意切,深挚感人。

十八、苽

按:文字发展到战国时期,形声字大量产生,黄德宽先生于其博士论文中多有申述①,"苽"字即是其例。"瓜"字原本是烘托显物的象形字,而"苽"则是以"艸"为缀加意符、"瓜"为声符的形声字。两者是文字发展过程中不同阶段的产物。

十九、折

按:字实为"折",通过声韵相通,借为"杕",没有问题。无情未必真豪杰,孔子在《诗论》中多处评价了《国风》中客观存在的爱情诗作,此诗亦当为评论《唐风·有杕之杜》。"情",诚,实在。若是那人来,定要好好把他来招待。

---

① 黄德宽:《古汉字形声结构论考》,吉林大学博士学位论文,1996年。

二十、嚻

按：王志平之说可从①，另再补充一下，"嚻""敖"在《包山楚简》②也常互作，如楚官名"莫敖""连敖"皆又作"莫嚻""连嚻"可证。

二十一、𢘓

按：我们认为该字隶定为上"母"下"心"读为"谋"。正如"海"字又可从"水""母"声，"梅"又可从"某"作；而"言"与"心"作为意符每每相通，如"谋"字古文从"心"。③

二十二、中氏

按："中""螽"古音相通，学者论述备矣，无须多说；"斯""氏"于意义上完全一致，战国文字中同义互换（有的学者也称之为"同义换读"）的用法习见④，此不赘言。

---

① 王志平：《〈诗论〉笺疏》，《上海博物馆藏战国楚竹书研究》，上海：上海书店出版社，2002年，第222页。
② 湖北省荆沙铁路考古队编：《包山楚简》，北京：文物出版社，1991年。
③ 高明：《中国古文字学通论》，北京：北京大学出版社，1996年，第129-158页。
④ 可参拙著：《楚系简帛文字字用研究》有关章节，安徽大学博士论文，2009年。

读清华诸简札记

近日重读清华诸简，对不少简中文字提出自己看法，祈请方家教正。

一、"引"

清华简（三）《周公之琴舞》简8有文句"是隹（惟）尾（宅）"，其中最末一字，原书考释者的意见是："尾，从尸，毛声，疑即'毛'字，读为'宅'……或读为'度'，法度。或疑字当释'引'，义为延续长久。"①这是一种审慎但不确定的态度。我们以为该字应该释为"引"。

先看原篆"㝉"，这个字可以分析为两个部分，左边部分的确可以隶作"尸"，像同篇4、11简的"㫃"、同书《芮良夫毖》1之"㝌"（辟）、同篇10简的"㝉""㝉"＜"㠯"清华简（一）《耆夜》3、《金縢》1、《祭公》2＞、②同书《赤鹄之集汤之屋》7、8、11、12的"㝉"（"㞢"），所以，左旁写成"尸"好像也无可厚非。而"弓"，不论是独体，如"弓"＜清华简（三）《说命上》2＞或作"弓"＜清华简（三）《祝辞》3、4、5＞（其在下边多一个"弯"或是加一小短横，大约都是为了跟其他易混字形区别），还是作为偏旁，大多

本文为国家社科基金项目（18BYY316）阶段性成果。

① 李学勤主编，清华大学出土文献研究与保护中心编：《清华大学藏战国竹简》（三），上海：中西书局，2012年，第139页。因援引简书字形甚伙，为省篇幅，文中俱以"清华简"称之，涉及所引，皆用"清华简（册序）+篇名+简序"，唯注明首次出现者，他书、他册同此，不一一注出。

② 李学勤主编 清华大学出土文献研究与保护中心编：《清华大学藏战国竹简》（一），上海：中西书局，2010年。

数是写作🔲<清华简（三）>《说命上》1）、"🔲" <清华简（三）《祝辞》3、4、5（二见）>、🔲<清华简（三）《赤鹄之集汤之屋》>、🔲<清华简（三）《说命上》2>、清华简（六）《子产》8 的"张"所从的"弓"也如此（《子产》26 的"张"，其"弓"下没加一小短横）。①但是别忘了，很多从"弓"之字的"弓"还写作🔲（同书《芮良夫毖》15 之"弱"，我们认为该字从"水"，其实应该为"溺"）、"🔲" <"蹓"同书《赤鹄之集汤之屋》1、2（二见）、3、5>、🔲<清华简（三）《说命 3 下》、《周公之琴舞》3、11、15>。如此，简 8 的这个字的左旁还完全可以隶成"弓"。

再看右边部分。考释者所释的"毛"字，不论是同书《芮良夫毖》3、11、16、24，清华简（一）《尹至》5，《祭公》4、5，清华简（五）《三寿》15、23，②清华简（六）《管仲》10、11、13，清华简（八）《邦家处位》1（重文）、5、6、8、10、11，③清华简（九）《治政》15、30、34（二见）的"毛"皆写作🔲<其中清华简（六）《管仲》17 的稍异，写作"🔲">，④还是在上面多加一笔，如清华简（五）《命训》1、2、3（二见）、4、5、6（二见），清华简（七）《子犯》8、同书《赵简子》7、《越公其事》37（二见），⑤清华简（八）《治邦之道》6、12、17（二见）、同书《心是胃中》3（二见）、4，清华简（九）《成人》3、11、13、19、28 写作"🔲"（其中《治邦之道》4 的该字缀加了"宀"），其被"厂"两面包围的"毛"作"🔲"，从之字的也是这样书写，如"🔲" <清华简（八）《邦家处位》4（二见）、8>，与这个被释为"尾"的"尸"

---

① 李学勤主编，清华大学出土文献研究与保护中心编：《清华大学藏战国竹简》（六），上海：中西书局，2016 年。
② 李学勤主编，清华大学出土文献研究与保护中心编：《清华大学藏战国竹简》（五），上海：中西书局，2015 年。
③ 李学勤主编，清华大学出土文献研究与保护中心编：《清华大学藏战国竹简》（八），上海：中西书局，2018 年。
④ 黄德宽主编，清华大学出土文献研究与保护中心编：《清华大学藏战国竹简》（九），上海：中西书局，2019 年。
⑤ 李学勤主编，清华大学出土文献研究与保护中心编：《清华大学藏战国竹简》（七），上海：中西书局，2017 年。

下面的部分"⟍"相互比较，显然存在很大不同，前者短横较平，而横折竖弧呈非常显著的"乙"字形，后者的那一小短横则为倾斜度稍大的右尖横，并且"乙"字形笔画没有明显的横折，仅有右向弧弯，释为"毛"是站不住脚的，可以确定不可释"毛"。此笔画倒与"引"的右旁作⟍或⟋相类，倘若把它们翻转180度，岂不就是⟋或⟍，与考释者考释之"毛"相似，只是那一小短笔稍微靠下了点。

"引"常常作"𢎘" <清华简（一）《程寤》6>、"𢎘""𢎘"<清华简（三）《祝辞》3、4、5>，左旁为正体"弓"；也往往写成"𢎘" <清华简（八）《摄命》8、18、23>，左旁所从为"尸"。如果再看看确凿无疑的"引"，清华简（五）《厚父》11 的"引"字写作"𢎘"；清华简（八）《摄命》24、清华简（十）《四告》45 的"引"写作"𢎘"，①尤其是后一个非常接近正被探讨的"𢎘"字，所相异的只是右旁部件的竖弧左右方向不同而已。但是，在楚简文字中，很多字里的个别笔画，其向背（尤其是可有可无的饰笔）可以左右不拘，如习见的"少""余"（最末一笔）"方"（倒数第二笔）。

下面再就音理上进行说明。谁都不会否认，本篇为典型的先秦韵文，既然如此，则有韵脚，"引"，声母为喻纽，韵母为真部；"晨"（即"星辰"之"辰"的繁文）为禅纽文部，"真""文"韵近；"功"是见母东部，"宁"是泥母耕部。②这四启之乱所押的显然是交韵。

以上从字形、押韵方面足可坐实这个字就是"引"，而不是持怀疑态度。

二、"大"

清华简（三）《良臣》简 7 有句"雩王句践又大同"，原书考释者谓："'大'字下应脱合文符号。同、种均定母东部字。"我们的看法是，后一句中的"同"

---

① 黄德宽主编，清华大学出土文献研究与保护中心编：《清华大学藏战国竹简》（十），上海：中西书局，2020 年。

② 唐作藩：《上古音手册》，南京：江苏人民出版社，1982 年，第 15-91 页。

释读为"种"没有疑义,可是前一句值得商讨。考释者在释文里补了一个"夫"字,的确,书写者在这里肯定是要表述"大夫文种",不过,如果这样的话,前一句的问题就来了。我们觉得是不是可以这样解释?① 倘若按照两个字来理解的话,这里应该是在"大"字后面脱落了一个"夫"字<清华简(九)《迺命一》注释14:"'邦大左右'之'大',或系底本为'大夫'合文,抄写脱漏所致。"(173页)>。② "大"字少加了一横,或者是忘了写一笔,换句话说,是书写者没有把"夫"字写出来,而"夫"字一旦出现,不管其下有无合文符号,都能够当作"大夫"二字合文理解(原书在所附字表的合文栏也将"大"字认定为合文而排在第二),因为"大夫"二字往往作"夻" <清华简(九)《治政之道》36>或"夻" <清华简(七)《晋文公入于晋》2、3、6,《越公其事》1、11、15(二见)、23、53、61,清华简(九)《祷辞》4>,有合文符号更为合乎当时的书写习惯;没有合文符号就权且可以算作是省略了。"夫"字可以含有"大",而"大"好像实在不大好理解为"大夫"二字,因为"大"只有一个"大"字,即使是合文,也只有合出"大人""人大"等,却委实没有办法无中生有出"大夫"二字,即不具备"大夫"合文的条件。

三、"殷"与"启"

通过大量检视楚简,可以发现,"殷商"之"殷"与"开启"之"启"这两个字,不少时候,最易相混,因为这两个字都由"户"和"攴"两个部件构成,如用为"殷",写作"殷" <清华简(三)《系年》13、清华简(五)《封许》3、清华简(十)《四告》2>;用作"启",写成"启" <清华简(一)《金縢》10>、"启" <清华简(三)《说命中》3,《周公之琴舞》1、2、3、5、7、8、10……《芮良夫毖》14,清华简(十)《四时》5、6、11、21>在这些情况下,要想辨别这两个字,只能结合它们的语义环境来加以判断,别无他途。

然而，在很多简牍中，很多书写者为了在文字形体方面让人"视而可识"，都还是竭力通过使用各种手段来区分它们。

先来看"殷"。根据考察，"殷"字主要借助于以下手段来达到跟"启"有异。

第一，在自身构件大小上显示区分。虽然"殷"和"启"都是由"户"和"攴"（大多数从"攴"）构成，也都是将"攴"放在"户"的右边，而由最上一横翼附，但是，通常构成"启"的类似"勿"的形体与"攴"大小对等，可是"殷"则不然，"殷"的"攴"字所从的"又"却向下拉伸，有的拉伸尤甚，如"殷"<清华简（十）《四告》2>，如此夸张，无非是要有所分辨。

第二，在构字部件上做文章。大家看到，因为这两个字组成部分相同，就很容易把它们搞混，所以，书写的人就把"殷"字竖弧撇那笔写得直立一些，同样将"攴"的第一笔也做这样安排，把"攴"的第二笔写成短横，以跟"启"中"攴"字的第一笔写成短撇，第二笔写成短反捺有所不同，但是这种做法的效用好像不很明显，枉费心思。还有，有的书写者又打起另外的主意，如清华简（五）《封许》3出现的"殷"字，书写者似乎也觉察到与"启"容易混同，于是，在接下来的7简里便将"殷"字写成"殷" <清华简（十）《四告》6、17之"殷"同此>，在"攴"字右上方又增添一个短撇点，让"攴"字看起来有点像楚简文字"及"，从而区别于"攴"，又因此把整个"殷"字跟"启"字区分开来，可惜做法没有得到群体认同，并未普及，最终归于寂灭。

第三，增益"邑"。通过考察发现，在不少楚简中，很多书写者在"殷"字下部加了"邑"，这种做法比较普遍，如写作"殷" <清华简（一）《金縢》1>、"殷" <清华简（二）《系年》13>、①"殷" <清华简（三）《说命（上）》1、7、《说命（中）》1>、"殷" <清华简（五）《三寿》10、28（背）>、<清

---

① 李学勤主编，清华大学出土文献研究与保护中心编：《清华大学藏战国竹简》（二），上海：中西书局，2011年。

华简（七）《子犯》12>、"▨""▨" <清华简（九）《治政》17、33，尽管所从的"启"的"户"字写法微有不同>。这样，无须推敲语义，我们就不会把加了"邑"的"殷"当作"启"了，当然，这种增益"邑"的"殷"，也可以看成是殷商之"殷"的专门用字。

第四，增益"土"。多方考察，我们还看到，有的简牍中的"殷"字，书写者为与"启"字有别，在"殷"的下边添加了义旁"土"，写作"▨" <清华简（一）《祭公》10>，这样也许不会让人把加了"土"的"殷"，当作"启"去理解，因为大家都知道缀加"土"旁的内涵。①

第五，在左下角增益"-"，如"▨" <清华简（八）《虞夏殷周之治》简1，清华简（十）《四告》2、5（二见）>、"▨" <清华简（十）《四告》2、5（二见），这种写法可以看作是在第二种做法的基础上做的"双保险">即在左下角"户"字撇笔下端加一小短横，昭示该字与"启"字有别。

第六，左下增加"="。在清华简（二）《系年》17、18 简中，我们又见到"殷"的另外一种写法，即在"殷"的左下，凭空增添了"="，作"▨"，依据我们推测，书写者这样做的出发点是与上举加"-"出于同样考量，也是想既达到与右下方习见的合文或重文符号不同，又把自身与"启"字形体进行区别，因为书写者在本篇第 13 简已经写了一个与"启"酷似的"殷"。

还有，清华简（十）《四告》27 被释为"殷"之字，左旁为"卒"，右旁为"攴"，写作"▨"这就改变了左旁作"户"的构形，区别就更明显。

最后，清华简（六）《太伯乙》12 的"殷"写作"▨"，原书考释者谓："'殷'字疑为另一书手所补，甲本作'▨'，乙本字从邑，戊声。"<清华简（六）《太伯乙》注释一一，第 126 页>其实，"殷"字的这种写法，大约是书写者故意写就，以与"启"字有别。不可不谓煞费苦心。

---

① 张新俊：《据清华简释字一例》，复旦大学出土文献与古文字研究中心网站论文，链接：http://www.gwz.fudan.edu.cn/SrcShow.asp?Src_ID=1573。收稿日期：2011年6月29日；发布日期：2011年6月29日。张先生在文中认为缀加"土"的这个字是"殷"字。并纠正上博简《曹沫之陈》该字的误释。

相比较"殷"字，书写者在书写"启"字时，也做了一些文章。

（1）加"口"。①在字下加上"口"，作"［字］" <清华简（二）《系年》9、12、20、21、29、115、116>，以为同"殷"有所区别，这种写法延续到后世；②在"户"下的类似"勿"形构件下加"口"，与右旁"攴"下的"又"近乎平列，写作"［字］" <清华简（十）《四告》12，《四时》22、28>。

（2）除了添加"口"部外，还有就是将"攴"改写为"又"，写成"［字］" <清华简（五）《厚父》2、10，但是同篇2简依然写作"［字］">，因为从"攴"与从"又"作为意符，含义相同。这样，造一个略有不同的异体字来与"殷"加以区别。

还有，清华简（十）《四时》3、10 在最上部加一短横，写作"［字］"，这在不少其他字的适当部位也有添加，但起不到区别作用，可以忽略。

应该明了的是，凡是做了增益，不论是"殷"字所增，还是"启"字所加，这两个字都不再混淆。

基本上，一直在组成部分和书写方面有了一些变化，如此，在同一篇简文里，就像清华简（六）《太伯甲乙》中，"殷""启"二字同时出现，一个从"邑"，一个加"口"，两者异形，一望可分。

另外，顺便说一下，安大简（一）32（二见）、33用为《殷其雷》的"殷"写作"［字］""［字］"，从'攴'，'垔'声，亦见于史墙盘（《集成》一〇一七五）。'［字］'属影纽真部，'殷'属影纽文部，二者声同韵近，可通。"① 与上举所有"殷"字形体完全不同，这就从根本上解决了"殷""启"二字易混问题。

综观"殷""启"两个字的这些做法，其实是为了互相区别，为"殷"所用的手段是"启"所没有的，反之亦然，这就充分而又无疑地反映了战国时期文字自身在形体上要求区分的自我觉醒，更是文字发展高度成熟的外在体现。

---

① 安徽大学汉字发展与应用研究中心编，黄德宽、徐在国主编：《安徽大学藏战国竹简》（一），上海：中西书局，2019年，第91页。

四、释"令"

清华简（五）《厚父》在简 2、3、6（二见）、9 中共出现 5 个"令"字，原书考释者都毫无疑问、一无例外地将该字释为"命"，并且在书后 171 页的字表中把该篇 5 个字全部归并到"命"字一栏里，众人对此似乎没有异议。但是，我们觉得，这 5 个字还可再行探讨。

首先，来看"命"字写法。"命"的书写，就目前所能查检到的楚系简帛文字，可以归结为以下几类。

第一类是从"口"，这一类非常多见，如"命"、"命" <上博八《命》1、2、8、9、10；①清华简（一）《保训》10、11；《金縢》4、6、11>、"命" <《皇门》4（二见）>、"命"（《祭公》21）、"命" <清华简（二）《系年》45、78、116……；清华简（三）《说命上》4、7，《说命中》7，《说命下》2，《芮良夫毖》21，《良臣》5，《赤鹄之集于汤之屋》1、7、8、12>、"命" <清华简（四）《筮法》36、61、62；清华简（六）《子仪》7，《子产》9、24，《管仲》26；清华简（七）《子犯》9，《晋文公》1、2、3、4、5、7，《越公》15、24、45、53、54、57、58、59、61、62、64、65；清华简（八）《摄命》2、3、5、6、11、12（三见）21、24、27、28、30、32，《邦道》14、27，《心中》5（四见）；清华简（九）《治政》13，《命一》11（二见），《命二》1、4、9、13（二见）、16，《祷辞》1、7（二见）；安大简 35、36、42、105；清华简（十）《四告》4、5、8、10、17、27、38，《四时》16……>，这类"命"字最多，无论就字形还是用法，是大家一致所认同的。

第二类是以"二"替代左下角的"口"，这类也较常见，像"命" <上博八《王居》2，清华简（一）《祭公》10、12、13>、"命" <清华简（二）《系年》28）；清华简（三）《说命下》10，《琴舞》10，《芮良法毖》28；清华简

---

① 马承源主编：《上海博物馆藏战国楚竹书》（八），上海：上海古籍出版社，2011 年。文中简称"上博简（八）"，其他同。

（五）《命训》1、7、8、10；清华简（七）《子犯》8,《晋文公》13、17（二见）、21（二见）；清华简（八）《处位》1,《邦道》27；清华简（九）《成人》10；清华简（十）《四告》2、43、44>等这一类的"命"字释读应该没有疑义。

第三类是带有"口"，在"口"的上边有一短横，如""<清华简（一）《保训》9、清华简（五）《命训》10>，这一类不太多，也可以确定是"命"。

第四类是既带有"口"，又在左下角加上"二"的，这类"命"字较少，比如""<《郭店楚墓竹简·语丛一》4、12、28，①清华简（二）《系年》27、28，清华简（十）《四告》17>，这一类应该是糅合了第一类和第二类，是"命"字也是可以确定的了。

第五类则是上面既有"口"，下面还有两横，两横下面还有"口"，写作""(《郭店楚墓竹简·语丛一》2)，这一类尤其少，也可以断定是"命"字。

第六类是""(《郭店楚墓竹简·成之闻之》1、2)，稍有不同，比较同篇简5的"命"（既有"口"又有"="），这似乎是省掉"卩"的"命"字。

以上几类，就写法、语境上都可以肯定是"命"字无疑。

现在再来看《厚父》中的这几个""字。

这个字可以切分为两个部分。一部分是""，另一部分就是左下角的""形笔画。大家都知道，楚简文字中很多字都被缀加饰笔，这些饰笔，有的具有区别形义的作用，有的不具备这种功能。在缀加的饰笔中，增添""就是其中之一，这在许多字里体现出来。

增添""这种饰笔的字普遍存在。比如"周"的写法很多都是不蔓不枝，有的却加了这种饰笔，写成""<上博简（九）《卜书》7（2见，其一右上少一小撇），②清华简（一）《程寤》1，清华简（五）《封许之命》7、8>。

---

① 荆门市博物馆：《郭店楚墓竹简》，北京：文物出版社，1998年。
② 马承源主编：《上海博物馆藏战国楚竹书》（九），上海：上海古籍出版社，2012年。

清华简（二）《系年》62 的"成"，清华简（三）《良臣》6 之"寺"，同书《祝辞》3、4、5 的"❏"也如此。

"反"有的没有添加"丿"，而清华简（五）《汤丘》3、《三寿》11 的"反"分别写成"❏""❏"<清华简（十）《四告》23、《四时》22，《四时》15 的"反"最上面还平添一短横>，都缀加了"丿"。

还有"朝夕"之"夕"，清华简（六）《郑文公问太伯》（乙本）8 等常常写作"❏"，但是在清华简（六）《管仲》30、《郑文公问太伯》（甲本）9 则写作"❏"，也缀加饰笔"丿"。非常巧合的是，清华简（五）《厚父》简 3 的"夕"也写成"❏"；同书《汤丘》4、5，《耆门》20 的"夜"（"夕"字被安置在"亦"下边，写作"❏"）所从的"夕"也都加了饰笔"丿"，甚至合文也是这样书写，如清华简（四）《筮法》39 "月夕"合文写作"❏"，①例不胜举。

尤其是"今"及从"今"之字的"今"的写法也缀加"丿"，一般来说，"勹"的左下边有不少是空阔的，或者像清华简（一）《楚居》4、5、8,《保训》3、11 写成"❏"或"❏"<《郭店楚墓竹简·唐虞之道》17，清华简（一）《尹至》3（二见，第一个"今"如是作、清华简（十）《四告》42、46）、清华简（二）《系年》67、113>，可是不少"今"像清华简（一）《尹至》1、3（第二个"今"），《尹诰》2 的二个"今"，《金縢》12,《耆夜》10、12,《皇门》2，清华简（五）《汤丘》1、2 之"今"，清华简（六）五篇出现的九个"今"，清华简（七）里 13 个"今"（《越公》70 重复），清华简（八）《天下之道》1、3，清华简（十）《四告》17 的"今"都添加"丿"。甚至，一些从"今"之字的"今"，如清华简（一）《尹至》5（上从"宀"下从"今"之字的"今"）；《郭店楚墓竹简·性自命出》简 52 的"含"所从的"今"及同书《语丛一》38、40 用为"今"的"含"、《语丛二》13 下从"心"上从"今"

---

① 李学勤主编，清华大学出土文献研究与保护中心编：《清华大学藏战国竹简》（四），上海：中西书局，2013 年，第 40 页。

之"今",它们所从之"今"也都加"丿";清华简(一)《金縢》12,《耆夜》10、12、1简"戓",清华简(三)《祝辞》4之"禽",清华简(十)《四告》8"念"等所从之"今"都写成"㕣",所从"今"也都在里面的左下空阔之处无不平添了"丿"。

另外,大家都无法否认的是,"命"字在清华简(二)《系年》同一篇简文里同时以三种类别的写法出现,分别是:带有"口"旁、以二横画代"口"的、既有"口"又有二横画的,这恰如清华简(十)《四告》中"命"的分布情形:左下没有"口",只有二横画,作"㑒"(2);常见的左下有"口"的"命",作"㑒"(4、5、8、10、17、27);既有"口"还在"口"下加二横画,写作"㑒"(17)。不单如此,这种写法与清华简(五)《命训》10 非常一致(除了第三种的既有"口",又有二横画);同书《汤丘》19简也用了两种"命",一个是带"口"的,一个是既带"口",下边还缀加二横的。如果"㑒"字是"命",那肯定会在这些篇章中存在。也就是,根据一些书写者求新、求异、求美的心理,这个"㑒"字也应该在以上篇章里出现,可惜实际上不曾看到。由上可知,增添饰笔"丿",并不是个别现象,如此看来,"㑒"字如果去掉这个饰笔"丿",即写作"令",这个被释为"命"的字其实应该完全可以释为"令",当然在简文中还是用为"命"。

《说文》:"命,使也。"朱骏声《说文通训定声》:"在事为令,在言为命,散文则通,对文则别。令当训使也,命当训发号也。"《郭店楚墓竹简·穷达以时》8 之"命"即用为"令";又,《吕氏春秋·孟春纪》"命田舍东郊。"注:"命,令也。""命""令"义可以相互通用。

这样,这个"㑒"字就是"令",这种现象可以说是沿袭前代文字。沿用前代文字,则是字用中的普遍现象与一贯做法,正如黄德宽先生《清华简新见"湛(沈)"字说》一文所说,即通过对"湛(沈)"字考释:"甲骨文'湛(沈)'或从㐺从'牛',楚文字这个'湛(沈)'字不仅从'禾',同时也从'牛',传承了甲骨文从'牛'的写法。这是一条很难得的材料,由此可确立甲骨文与楚文字'湛（沈）'字形体的联系。"①指出有的文字乃是对前代文字的传承。

---

① 黄德宽:《清华简新见"湛（沈）"字说》,《清华大学学报》(哲学社会科学版),2020年1期。

甲骨文中合文的意蕴试探

古文字中的合文研究，因研究者契入角度迥异，其所获成果也就截然不同。如姚孝遂先生在《说"一"》中力纠了林义光的"夫"是重文而非合文的错误，指出一部分合文的产生乃是文字趋于简化的结果；①裘锡圭先生在《甲骨文考释》一文里又先肯定一些合文释法的正确性（如"石甲"合文的准确考释），后又破天荒地提出"甲骨文中重文和合文重复偏旁的省略"，使甲骨文的研究柳暗花明；②吴振武先生的《古文字中的借笔字》从借笔的角度研究了古文字中合文构成的一般规律；③陈炜湛先生于《甲骨文异字同形例》这篇论文中则将一些合书结构里容易混淆的文字到底是单体字还是合文做了科学的甄别与界定……④这些研究令人耳目一新，让人精神振奋，其意义不可谓不重大。这篇小文则拟从合文在甲骨文中的意蕴这个方面，来谈谈自己的一点粗浅的看法。

一、从合文角度去考释甲骨文

由于甲骨这种书写材料空间的逼仄、刀凿这些书写工具制造的简陋、早期文字笔画构成的繁杂，再加上镌刻者趋简、求美的心理，诸类因素就使得

---

① 姚孝遂：《说"一"》，《第二届国际中国古文字学研讨会论文集》，香港中文大学30周年校庆，1993年。
② 裘锡圭：《甲骨文考释》（八篇），《古文字研究》，第四辑，北京：中华书局，1980年。
③ 吴振武：《古文字中的借笔字》，《古文字研究》，第二十辑，北京：中华书局2000年。
④ 陈炜湛：《甲骨文异字同形例》，《古文字研究》，第六辑，北京：中华书局1981年。

甲骨文中存在着为数众多重要而分布广泛的合文。这样，从合文角度来考释甲骨文中不少难识文字，就不失为当前甲骨文研究中的一个较佳路径。曹锦炎先生的《甲骨文合文研究》一文，①首先概括了合文的概念，其次交代合文范围，再次是恰切地指出合文的构成，尤为重要的是作者依据这些内容，用较大的篇幅考释了八个合文，可谓创获不小。时逾十年，作者"近年重新整理甲骨文，时有所获，又新识出一些合文……"②这些合文的释出，使这些文字与相关问题迎刃而解。这也正如于省吾先生曾经所说："甲骨文的研究是多方面的，但文字考释是一项基础工作。"③而在当前甲骨文研究稍嫌沉寂的局面下，这需要很多学者热心扎实地去从事。

二、合文是甲骨缀合、分期断代的有力佐证

甲骨缀合是后期甲骨文学研究的重要内容之一。因为种种情况，近现代发掘的许多甲骨中存有大量碎片，这就为研究工作带来相当的困难，而按照残碎甲骨的各方面特征，将它们连缀、结合，从而使甲骨学研究得以进一步进行成为可能，其重要意义也无须多说。甲骨缀合主要是根据甲骨出土坑位、缘棱残损情状、文字记载内容、字体书写风格等。依据这些内容，甲骨缀合卓有成就，有曾毅公《甲骨缀合编》（修文堂书店，1950），郭若愚、曾毅公、李学勤《殷墟文字缀合》（科学出版社，1955），严一萍《甲骨缀合新编》（台北艺文印书馆，1975），蔡哲茂《甲骨缀合集》（"中央研究院"史语所，1999）。

很显然，字体书写风格中就包含有合文这种合书形体。裘锡圭先生就依据残碎甲骨缘棱、所记内容、字体风格，特别是在第九个缀合片中，A：怀

---

① 曹锦炎：《甲骨文合文研究》，《古文字研究》第十九辑，北京：中华书局，1992年。
② 曹锦炎：《甲骨文合文新释》，《古文字研究》第二十二辑，北京：中华书局，2000年。
③ 于省吾：《甲骨文字释林·序》，北京：中华书局，1996年。

特898（合14354），B：合14822，C：合14824，三片中共有的特殊合文——"十三月"成功地将三片甲骨缀合成一。①这不能不说合文在此也立了一大功劳。

甲骨文分期断代，王国维首发其端，董作宾踵武前贤。董作宾在《大龟四版考释》一文中第一个提出贞人说，并进一步提出坑层、同出器物、贞卜事类、所祀帝王、贞人、文体、用字、书法八条断代标准。②这就使分期断代有一个可依的尺度，也为接下来的研究奠定坚实基础。同甲骨缀合一样，合文在分期断代研究里充当着一个了不起的角色。陈胜长在其《释内、外、上、下》一文中写道："甲骨文中，并无从夕从卜之外，而殷先王有卜丙、卜壬，除第一期卜丙二字分书外，均为二字合文……"③换言之，如果甲骨文中出现卜丙、卜壬二字合文，便毫不犹豫地排除其为第一期的可能。合文以其独有的标记时代的风格在甲骨文研究中起着一定的作用。

三、合文中包蕴的诸多信息

一个民族发展到一定阶段就产生了文字，文字是文化的载体，是文化的一部分，并反映文化。作为古文字的一个组成部分之合文，也同样承载、蕴涵先民的思想、文化（或文明）、意识。

（一）"我王"：王者思想的自然流露

甲骨文中有"我王"这个结构形体，胡厚宣先生如是分析道："我即是戈字，象形，戈是古代作战的一种兵器。借为吾我之我，犹言我自我有戈，我有戈自卫。王者，像一个最高奴隶主，身居高位，端拱而立在正中，具有绝对权威，随时可以朝见群臣。我王由我王两字合而为一，表示我即是王，王即是我，犹之乎说，'朕即法律''朕即国家'。并含有我有武力足以保

---

① 裘锡圭：《甲骨缀合拾遗》，《古文字研究》第十八辑，北京：中华书局，1992年。
② 黄德宽、陈秉新：《汉语文字学史》，合肥：安徽教育出版，1990年。
③ 陈胜长：《释内、外、上、下》，《第二届国际中国古文字学研讨会论文集》，1993年。

卫王权，我有武力，足以保卫奴隶主专政的意思。"①在此，胡先生明确指出"我"的确切本义（已被认同），这就纠正了《说文解字》关于"我"字的错误解释，虽然"王"字说解不当（林澐先生强调指出："独有王字，确实是像斧钺之锋刃向下者。"②）但重要的是胡先生揭示王者的思想，这一点是难能可贵的。

（二）"十三月""十四月"：先民历法知识的见证

我国是四大文明古国之一。《尚书·尧典》："帝曰：咨！汝羲暨和。期三百有六旬有六日，以闰月定四时，成岁。允厘百工，庶绩咸熙。"这应是传世材料关于闰月的最早记载了。但是，我们在甲骨文的合文中还看到"十三月""十四月"的三字合文<当然这与十三个月、十四个月的记数方式作十有（或又）几月迥乎不同>，这些出土的文字资料同样向我们昭示先民们所拥有丰富的历法知识及其先进的置闰方式。因为"第一期武丁时置闰于年终而称十三月。第二期祖甲时改进置闰于年中，重复月份一次"③。（这也同样可资分期断代研究），这是"十三月"。那么"十四月"又从何得来？"从现有文献看，殷周时代已经置闰，闰月一般放在年终，称为'十三月'。当时置闰尚无定制，有时一年再闰，所以会有'十四月'"④。这些地上流传的典籍与地下出土的材料，都无可辩驳地证明，我们的祖先在很早以前的殷周时代就已经拥有繁丰的天文历法知识，并借助于这些知识，燃起泱泱大国熊熊不熄的文明之火，推动华夏文明之轮滚滚前行。

（三）合文——先民语言中专有名词意识的外在体现

大量合文的产生，固然与其拙劣的客观条件分不开（见前），然而与趋简、求美的主观内在也不无关联，但我们是不是可以这样去推测，众多文字

---

① 胡厚宣：《说螯》，《古文字研究》第一辑，北京：中华书局，1979年。
② 林澐：《说王》，《林澐学术文集》，北京：中国大百科全书出版社，1998年。
③ 许进雄：《第五期五种祭祀祀谱的复原——兼谈晚周的历法》，《古文字研究》第十八辑，北京：中华书局1992年。
④ 王力：《古代汉语》（第三册），北京：中华书局，1993年，第884页。

的合书，当是在暗示、在提醒：这些合文是连在一起的，需放在一块来识读理解。比如，殷人是这样来称呼其先祖的：小等修饰词+祖+天干中的某一干，倘不合书，就很容易跟纪年纪月等干支混淆，以致引起误解，因此，合文便应运而生。同样，前文的"十三月""十四月"合书为一体也自有它们意思的凝固性而为一个专有概念，其他的合文像构成巧妙的地名方国、祭名人名、常用词语等也具有类似性质。①

当然，甲骨文的合文所承载的信息应当还有很多，不只上面所谈，它还有待更多、更广、更深地挖掘。

以上是本人在研习甲骨文之余的点滴认识，谫陋之处在所难免，祈请方家不吝赐教！

---

① 常玉芝:《说文武帝——兼论商末祭祀制的变化》,《古文字研究》第四辑,北京:中华书局,1980年。

谈沭阳方言中的一些关于程度的表示法

沭阳县位于江苏省北部，由地级市宿迁市管辖，人口 220 万，为江苏省人口第一大县，也是全国人口第二大县（全国人口第一大县为安徽省临泉县）。沭阳在外界号称"花木之乡"。沭阳县东北、东边、东南分别与隶属于连云港市的灌云县与灌南县、涟水县（隶属于淮安市）相接，南边、西南分别与淮安市的淮阴区、泗阳县（隶属于宿迁市）相邻，西边和西北分别与（宿迁市的）宿豫区、新沂市（隶属于徐州市）接壤，北边与东海县（隶属于连云港市）为邻。

1960 年出版的《江苏省和上海市方言概况》①，根据 50 年代中期开展方言普查得到的材料，人们把江苏境内的方言分为四个区域，沭阳、泗洪、泗阳、灌云等地属第一区（江淮方言西北区），即江淮话区，与第一区相毗邻的西北部徐州一带为第四区，即北方话区，该区还包括新沂、东海、宿迁等县市。北方话与江淮话的分区标准主要是有无入声。

1987 年出版的《中国语言地图集》②，根据"古入声字的今调类"，将官话大区分为西南官话、中原官话、冀鲁官话、兰银官话、北方官话、北京官话、胶辽官话等七区。其中江淮官话依"古入声今仍读入声"的特征与其余六区分开<参看李荣《官话方言的分区》，中国社会科学院语言研究所编《中国语言地图集》A2（第 2 版），商务印书馆，2012 年；又《方言》1985 年，

---

① 江苏省上海市方言普查指导小组编写：《江苏省和上海市方言概况》，南京：江苏人民出版社出版，1960 年。
② 李荣等总编：《中国语言地图集》，香港：香港朗文（Longman）远东有限公司出版，1987 年。

第 2-5 页>。《中国语言地图集》则将隶属于沭阳县的阴平（潼阳）、颜集、悦来三个乡镇的部分地方与东海、徐州、丰县、沛县、睢宁、邳县、宿迁、新沂、赣榆等地一起划入中原官话区（参看贺巍《河北、山东、皖北、苏北的官话》，《中国语言地图集》B3·官话之三，又《方言》1985年，第 163-170 页），沭阳县的大部分地区仍然属于江淮官话区。

沭阳方言中的语音与语法姑且不论，这里专门谈谈一些表示程度的词语。根据我们收集与研究，沭阳方言在表达程度时，使用一些比较特殊的程度词语，不少与汉语普通话表示程度的副词不同，这些词语耐人寻味，现在分条论述如下。

一、稀

"稀"有"很""特别"的意思，如"我很饿"，在沭阳方言中就是以"我稀饿（的）"来表示；"口渴"可以说成"稀渴"；恹恹欲睡可以表达成"稀睏"；锅子里的东西煮的时间很长，成了糊状体，可以讲成"稀花"，也能说成"稀烂"，当然，如果下过滂沱大雨，道路泥泞，也还可以用"稀烂"这个词语来比况。

二、精

"精"字在沭阳方言中含有"很""非常"的意思。如煮面糊或米稀饭不够黏稠，形象地说可以照人影，口语里也能抽象地讲成"精稀"（或可换成"精稀刮劳""稀汤刮水"）；没有多少厚度、穿着单薄能够用"精 xiāo（此字大约写作"削"，如刀削一般，"薄"的意思）"形容；宽度太过狭窄，用"精 ze（仄？）"来表达；形容某人瘦骨嶙峋，但是精神抖擞，用"精瘦"来表示再恰当不过了。

三、恶

"恶"在沭阳方言中是"很""非常"的意思。在表达"很渴""很累""恹恹欲睡"("困倦")"极为苦涩"等意思时，就可以分别用"恶"，形成"恶渴"（这与前面的"稀"一样）、"恶瓢""恶困（睏）""恶苦"等词语。天气炎热，还可以说成"恶热"，这些词语中的"热"，在沭阳方言发音是发"噎"，但是更加短促，似乎是古代的入声字。

四、苦

"苦"字在沭阳方言中同样是表示"很""非常"的意思。比如，假若某道菜品放的辣椒太多，辣得让人掉眼泪、吸冷气、受不了，甚至喝凉水也得不到缓解，沭阳人通常会说"苦辣（的）"<或者是"苦辣苦辣（的）">；同样，要是一道菜肴投放食盐太多，沭阳人也一定会用"苦咸"（或"苦咸苦咸"）来加以形容。

五、瘟

"瘟"字的这一含义比较独特，就在于"瘟"字在沭阳方言中也表示"很"、"非常"的意思，是一个表达程度很深的副词，常与"瘟"搭配的词语有"苦""臭"等。比如，香瓜（甜瓜）还没有长得成熟的时候，谁如果尝尝这个瓜的味道，完全可以用"瘟苦"来形容那种苦的程度；还有，倘若下水道、厕所等臭气冲天，几乎让人窒息，也可以讲成"哎呀，这地方味道瘟臭的"。需要指出的是，"瘟"的读音和类似这一类的字一样，绝大多数沭阳人会把它读成"wēng"，即由前鼻韵母读为后鼻韵母，并且很急促。

六、烂

"烂"的义项在普通话里很多,但是在沭阳方言中也同样不少,像锅里的东西煮得时间太长,可以说"稀巴烂";瓜果等坏掉可以讲"烂掉",这是腐烂的意思。然而在沭阳方言中,这个词也往往被用作副词,表示"很、非常"的意思。就像烧鱼的时候,一旦鱼的腥味未能除去,腥味十足,就可以说成"烂腥";青杏、杏梅、陈醋等东西很酸,可以说成"烂酸";孩子尿床之处不曾洗刷、晾晒、烘干,发出一股骚味,可以讲成"烂骚";东西价格卖得很高,可以讲成"烂贵",相反,也可以讲成"烂贱"。形容一个地方味道极度难闻,令人掩鼻,难以名状,像菜市场卖鱼、杀鸡鸭鹅、屠宰场等的地方,也常常可用"骚腥烂臭"来比况。

七、顶

"顶"在沭阳方言中的副词含义是"最""特别",大约来源于"顶点""顶端"的义项,应该是这个义项的引申,相当于英语里的最高级,常跟"顶"搭配的有"孬"("差"与之相近),构成"顶孬",通常用来形容一个人的性格、品行或东西的性质、质地;跟"好"构成"顶好"(这个词语还形成一个独具地方特色的歇后语:"草帽坏边子——顶好。"这个诙谐说法)。 当然,"顶"的这种用法还可以像"最""特别"一样用于修饰整个句子的谓语中心语,如"那家伙顶不晓道(识)好歹"。

八、雪

"'雪'作为程度副词,表示'很''非常'的意思,在今天不少地方的现代方言中仍在使用，如徐州里话的'雪淡'。"①"镇江话中也有不少这样的词语，如'雪紫''雪青''雪亮''雪尖'等。"②

"雪白"作为一个词使用，可以查找在时间上靠前之记录为《御览》第八六〇卷所援引晋人束皙《饼赋》："尔乃重罗之麸，尘飞雪白。"当然，其时的"雪白"意义有个变化过程。

"雪"，在沭阳方言中更有可能写作"血"，也是用来表示"非常""特别"之意，但是与"雪"形成固定搭配的词语不多，主要有"孬"，构成"雪孬"，这种搭配的使用范围特别狭窄，几乎是专门指某人的品行特别差，如"他这个人雪孬"。不过，如果要说"这个人雪孬种"，那就是骂人骂到骨子里了。还有一个与"雪"搭配的就是"够人"。这里还得提一下"够人"的含义。"够人"在沭阳方言中是"让人十分生厌""使人非常讨厌"的意思，如果要说"某人雪够人"那就意味着"某人令人讨厌到了极点"，无以复加了。另外，这个用同"血"的字则往往读"xie"，同样要读得特别短促。

九、鲜

"鲜"字含义是"很""特别""非常"，但是这个"词"除了用来修饰"甜"之外，再没有其他的供他修饰，运用范围比较狭小。如在讲瓜果相当"甜"时就会说"鲜甜"。我们推测，"鲜"的这种用法应当是和"鲜"表示"少"这个义项的引申有关，但是意思却是反向程度的极度延伸。

---

① 周志锋：《吴方言与明清白话著作语言互证研究》，《语言研究》，2002年第3期，第90-93页。
② 赵倩倩：《析镇江话中的程度副词"雪"》，《语文学刊》（教育版），2009年第15期，第91-92页。

十、死（的）

"死"字表达的语义是"特别""达到极点"，使用也尤其广泛，值得注意的是，"死"字在表明说话者的信息和语气时，它既可以放在所要强调的对象之前，也可以放在其后面。放在后面的，有不少情况下后面还可以跟"的"，从语法上看，好像是作补语，但是实际上却是作状语理解，表示极深的程度，如"他这个人死够人"也可以说成"他这个人就能够死人"（意思是：他这个人太让人讨厌了）。"死"作为程度副词，在沭阳人的生活中用得最多的是跟这几个词语搭配："热""累""饿""烦"等，如"今天天气预报说气温有三十八度，就能热死的了！"

十一、刮

"刮"在沭阳方言中与以上所探讨的一些表示程度的副词稍有不同，"刮"是个频度副词，表示动作、行为、状态一直持续，有"老是""总是""常常"之意，用法比较宽泛，可以修饰很多动词，跟"老是""总是""常常"一样，比如"我刮děi"普通话的意思则是"我老是咳嗽"。"他刮瞎嚼蛆"意为"他总是瞎说。"

十二、把

最后顺便谈一下"把"。"把"在沭阳方言中是一个表示方位与序列的词语，意思是"最"。"把"有两个方面的含义。第一，通常是用来表示方位的词，相当于"最"，如"把东（西、南、北）边"就是"最东（西、南、北）边"；"把东（西、南、北）头"就是"最东（西、南、北）头"。第二，"把"还可以用来表示次序上的最后，如"把临了"意思是排在"最后边"；"把了梢"就是最后头。所以，"把"在用于这两个方面的时候也有表达程度的内涵。

"把"的这种用法跟汉语普通话里的读为第三声的"尽"（jǐn）一个义项的用法相同，用于表示方位的词前面，跟"最"相同，如：尽北部、尽前边。

沭阳方言中不少程度副词还可以重复使用，表程度尤甚，如"杏子还没有熟透，烂酸烂酸的"；表示方位的也可以这样使用，如"他家住在把后边把后边"。

考察这些特殊的程度表达词，对于语义特征的表达，我们会发现，除了表示方位和次序的"把"之外，较多的这类表示程度的词语主要都是用在负面、消极的方面。

这些表示"很""十分"等的程度副词在表达含义方面都很精准、形象，表达效果尤佳，有的甚至蕴含一种夸饰的意味。

在考察方言词语中，尽管方言词语的发展是一个动态的过程，对方言词汇历时系统进行考量，在方言词汇的传承词、变异词、创新词、借用词四类之中，我们认为，这种特殊的程度表达词语、至今还在为这一方言区域的人所普遍使用的词语无疑渊源有自，即沭阳方言中不少这类表示程度的副词是不折不扣的传承。如"烂"就是，普通话中"烂熟"（或滚瓜烂熟）、"烂醉"<"王庆一日吃得烂醉如泥"（《水浒传》）；"你是个烂忠厚没用的人，所以这些话我不得不教导你"（《儒林外史·第三回》）>。再如，"恶"，《淮南子·地形篇》"其人大面头颐，美须恶肥"，辛弃疾《临江仙》"小屬人怜都恶瘦，曲眉夫与长鬟"即其例，不再多举。对古代通语的保留是语言发展的必然，不论是官话还是方言都是这样，所不同的只是数量多少而已。

另外，需要提一下的是，相当于普通话的"太""过"的"精"，与东北方言中"精"的用法相同，如"精浅""精细""精薄""精湿""精瘦""精熟"等。

沭阳方言中的这些词语主要使用人群为三四十以外的人，而三十以内的年轻人，包括更小年龄的人则几乎就不再使用这些方言词语。

谈《古代汉语》教学的几个方法

"工欲善其事,必先利其器"。教学方法应该是任何学科教育教学中的"利器"。《古代汉语》这门课程作为中文系众多专业必须开设的专业基础课、工具课、知识课,由于其内容繁丰(或为四卷本或为厚重的上下册两卷本)、学时较长(有的学校开课课时长达两个到三个学期或更多时间,至少也应该是一百多个课时),要想取得绝佳的教育教学效果,教育教学方法的讲究很为必要而且重要。在《古代汉语》教学中,人们习惯运用一些已经被大家认可、接受的方法,比如"三结合的方法"即:"理解与背诵相结合""古代与现代相结合""感性与理性相结合"等,应当承认这些方法很好,而且在具体教学中我们也一直在使用。我们同样不会否认,虽然科技的发展使得教学手段有了很大变化,增大了课堂教学容量,让教学方式、方法更加形象、直观,收到良好的教学效果。但是,我们觉得还很不够,更多、更好的关于《古代汉语》的教学方法的探索与运用仍然需要。下面再介绍几种本人多年来在《古代汉语》这门课程具体教学实践中摸索出来的数种方法,形成小文与大家分享,以期收到更多更大的成效。

一、多作归纳

归纳法在许多学科教学中都是种行之有效的方法,并且一向被广为运用。一门课程结束,接受了不少知识,如果不能对这些知识进行归纳综合,那些知识很可能就是一盘散沙,今后随着岁月迁流,可能会殊无痕迹,即便留有些许印象，在现实生活中碰到时恐怕也难敷实用。老师辛辛苦苦讲授，学生孜孜不倦学习，耗费诸多周折获得的知识，由于没有及时复习或是缺乏一定的系统归纳，几乎原原本本地还给了老师，这实在是令人十分惋惜的事情。假若留心，有意识地对许多重要的知识点加以归纳综合，可能就会避免出现这种情况。《古代汉语》许多知识（比如"词汇"）的学习与掌握，同样需要运用这种方法。就像"之"字，综合考量其词性，可归纳如下。

（1）用作动词。

《说文》："之：出也。象草过中，枝茎益大，有所之。一者，地也。凡之之属皆从之。"许说可能有误。结合古文字形，甲骨文中"之"字，上从"止"（"趾"之初文）下从"一"，"加物为象形之文"，"之"作为动词的用例有："问欲何之"（《汉书·张骞传》）、《送孟浩然之广陵》《送杜少府之任蜀州》、"吾欲之南海"（清朝彭端淑《为学一首示子侄》）。通过分析，我们认为，"之"的动词用法，应该是"之"的本义，这也符合指事这种造字特征。

（2）用作代词。

第一，用作近指代词（有的学者以为是泛指代词），可以理解为"这""这个"。这种用法应该很早，同样可以追溯到甲骨文里，如"之日有曰"（"这天有人报告说"）①。后世典籍中也有很多这种用法，如《诗经》中习见的"之子于归"（参见《桃夭》《汉广》《鹊巢》《燕燕》《东山》诸篇）、"之二虫又何知"（《庄子·逍遥游》）。

第二，用作第一人称代词，相当于"我"，如柳宗元《捕蛇者说》："君将哀而生之乎？"（"您将可怜我使我活下去吗？"）

第三，借用作第三人称代词。严格地讲，先秦时期没有真正的第三人称代词，"之"本来是指示代词，借用为第三人称代词。如："公室将卑，其宗

---

① 中国社会科学院编：《甲骨文合集》第 20485 片，中华书局，1980 年。

族枝叶先落,则公室从之"(《左传·晏婴论季世》)、"下视其辙,登轼而望之"(《左传·庄公十年》)。

(3)用作连词(有的学者将这个用法归为结构助词)。

第一、连接定语和中心语,表示领属或修饰关系,可以解释成"的",如"执子之手,与子偕老"(《诗经·击鼓》),"是炎帝之少女"(《山海经·精卫填海》),"足下上畏太后之严,下惑奸臣之态"(《战国策·范雎说秦王》)。

第二,插在主谓结构之间,取消句子独立性,使其变成偏正结构,不好对译,如"贡之不入,寡君之罪也"(《左传·齐桓公伐楚》),"风之积也不厚,则其负大舟也无力"(《庄子·逍遥游》)。

再比如,用作动词的一些字在写作繁体字、异体字(关于繁体字、异体字读、认、写、用的必要性详另文)时都可以加上"扌"构成,如"背""采""舍""卷";"公布"的"布"、"占据"的"占"都可以加"亻";"夸"和"赞"都可以加"言"成为繁体字"誇""讚"。从"扌"的"护"与"托"其繁体字都从"言"作"護""託"。

二、多做系联

系联法本是一种利用反切来研究中古汉语声母和韵母类别的方法。它基于这样的前提:反切上字与被切字同声母,反切下字与被切字同韵母和声调,对多组反切反复运用系联的规则,就可以把所有字按声母、韵母和声调归成若干类,每一类字同声母、韵母和声调。

系联法最初在清末出现,是由著名学者陈澧提出来的。陈澧写了一本《切韵考》[①],用系联法来分析《切韵》的语音体系。利用相同的方法和其他一些证据,相同时代学者钱大昕提出了上古无轻唇、上古无舌上说(上古声母当指两汉以前的声母系统)。系联法也为曾运乾的喻三归匣、喻四归定说提供

---

① 陈澧:《切韵考》,北京:中国书店,1984年影印本。

了有力依据。

有鉴于此，我们认为，在《古代汉语》教学中，系联法则是采用一些相关性或相似性进行关联、联系。前面提到的"古代与现代相结合"实质上是一种历时的系联，而共时的系联则更让我们更好把握更多的知识。

（1）以形系联。

我们以为，既然许多高校指定的通用《古代汉语》教材都用繁体字、异体字排版印刷，[①]对中文系的学生来说，读、写、认、用许多现代汉字常用字的繁体字、异体字很有必要[②]，然而如何达成这个必要，这就有了一定难度，但是倘若运用"以形系联"之法，就会收到举一反三、触类旁通之效。如偏旁归类，大凡遇到某类偏旁部首，我们知道它们的繁体字、异体字的偏旁部首就可以类推，像"讠"作"言"、"贝"作"貝"、"钅"作"金"、"马"作"馬"、"门"作"門"、"单"作"單"、"页"作"頁"、"佥"作"僉"……如"经"只要把"纟"换成"糹"右边部分换成"巠"则可，其他众多"绿""绵""组""织"等中的形旁"纟"旁俱可换成"糹"；而"劲""颈""刭""泾""胫""径""轻""茎""氢""迳""痉"等中的声旁也都一律可以变作"巠"。这种以形系联，依此类推，这对我们掌握大量繁体字、异体字很有帮助，就真正能够做到以少总多、以简驭繁。此外我们往往会遇到不少形似字，将它们集中在一起，加强掌握，今后再碰见就不会混淆、用错（详见后文）。

（2）以音系联。

古今汉语中有许多字词在不同语境里面读音不同，如"亟"有两种读音：① qì，副词，"屡次"之意，"亟请于公"（《郑伯克段于鄢》）；② jí，"快速、

[①] 如：王力主编《古代汉语》（校订重排本），中华书局，1981年第2版；郭锡良、唐作藩、何九盈主编《古代汉语》，商务印书馆，2012年（文中一些例子，如无特别指出，多出自该书，不复一一注明）；黄德宽主编《古代汉语》，高等教育出版社，2015年。

[②] 南京师范大学等很多院校研究生招生考试的语言类中150分试卷，《古代汉语》部分75分，不论是题干还是题目内容，都密密麻麻排满繁体字、异体字，如果未能掌握繁体字、异体字，必将无从下手。

迅速"之意，"经始勿亟，庶民子来"（《孟子·梁惠王上》）、"趣赵兵亟入关"（《史记·陈涉世家》）。"恶"（"恶"："恶ě心""罪恶è""可恶 wù""恶 wū能"）等这种方法在学习《古代汉语》特殊读音章节中尤其有效，甚至是所有多音多义字词都极有帮助。

（3）以义系联。

这种方法是就不同的字词却有相同（或相近）的语义或者是同一个词语而有不同的义项来予以总括以便把握的一种方法。

《古代汉语》在选的诸多文学作品中，有许多表示"到""前往"意思的词语，而且都可以带宾语，我们将它们加以归纳，就有"适""之""往""如"，结合它们所出现的文句，把它们进行胪列，对此，我们便可以了然于心，一览无遗。

再如，表示"全""都"的词语有"悉""俱""皆""举"等，同样，联系其所在语句，再结合它们在现代汉语中的孑遗，如"悉听尊便""面面俱到""皆大欢喜""举欣欣然有喜色"（《孟子·梁惠王下》），掌握起来格外便捷。

还比如"卒"字仅仅在《报任安书》里就多次出现，如"且李陵提步卒不满五千""士卒死伤如积"；"卒卒无须臾之间""恐卒然不可为讳"；"卒从吏议""卒就死耳"。其义项分别是：①名词，兵士；②副词，同"猝"，"仓促""急忙"；"突然"；③副词，"终于"。而"卒"的"死亡""终了"意思则在他处出现。

"从而尤之"（《张中丞传后叙》）其中"尤"字意思不是我们所熟知的副词"更加""格外""尤其"，而是"责怪""怨恨"之义，用这个义项的还有成语"怨天尤人"，而这个成语则来自《论语·宪问》的"不怨天，不尤人"。除此之外"尤"还有不少其他义项。

①特异、突出（《说文》："尤，异也。"），如"无耻之尤"；苏轼《荔枝叹》里名句："我愿天公怜赤子，莫生尤物为疮痏。"其中"尤物"则是"珍贵的物品"（有时也特指"漂亮的女人"）。

②过失。"效尤"（学着别人做坏事）、"以儆效尤"。这样，通过以义系联，一网打尽"尤"的所有义项，以后只要遇到"尤"字，不管在什么语境之中，其含义必定会一清二楚。

足见系联法是一种行之有效的教学方法。

三、顺口溜出

通行的"理解与背诵相结合"的教学方法也被广为使用。任何一门学科的学习、掌握都应该以理解为前提或基础，以运用为终极追求，否则我们所学的知识将无从着落。

死记硬背这种方法，特别是在许多没有明显规律的知识学习中进行运用不失为一种行之有效的方法。

教学中我十分注重因材施教，根据不同专业、不同层次学生的具体情况，有针对性地备课，深入浅出，激起学生学习古代汉语学科的兴趣，激发学生摸索学习方法。比如仅用 28 个字："古无轻唇舌上钱，娘日归泥为太炎，曾喻三匣四归定，照二归精是黄侃。"这样我们就能够轻松地记住《古代汉语》中关于上古声母研究成果方面四位学者得出的著名论断，以期在很短时间学到并且掌握更多知识。

在中学学习句子成分时，为了对句子成分掌握牢固，往往会背诵这样的顺口溜："主谓宾，定状补，主干枝叶分清楚。定语必在主宾前，谓前为状谓后补。的定地状得后补，结构助词应记住。"虽然一晃过去几十年，仍然还能清楚记得它们。记住了这个顺口溜，就对句子成分的清晰把握、结构助词的正确使用能够了然于胸。

再如"戌""戍""戊""戉""戎"可以编成两句顺口溜："点 shù 横 xū wù 中空，有钩是 yuè 叉是 róng"再结合一些词语，就完全可以把这五个容易混淆的字清楚地掌握。

总之，我们在《古代汉语》学科具体教学中，采用多种方法，既使老师教起来省力高效，又让学生学得轻松自如，从而获得极佳的教学效力。